AF202051

Mina Parvaresh

Wir vom Jahrgang

2004

Kindheit und Jugend

Impressum

Bildnachweis:

Umschlag:

Mina Parvaresh (vorne oben, hinten); Elena Wacholder Alvarez (vorne unten).

Innenteil:

Mina Parvaresh: S. 6, 8 o., 10 o., 12 u., 15, 17, 18 o. r./u., 20 o., 21, 25, 27, 28 o., 30 o./u., 34, 39 o., 40, 41, 46 o., 53, 54 o. r., 56 o. l., 58, 59 u., 63; Marie Müller: S. 4, 18 o. l., 39 u.; Suro Lee: S. 5, 8 u., 10 u., 14, 16, 28 u., 32 u., 52 u.; Kijan Parvaresh: S. 9, 12 o., 23, 31; Sidney Burnie-Burgheim: S. 13, 19, 20 u., 59 o.; Elena Wacholder Alvarez: S. 32, 57; Amra Danz: S. 37, 46 u., 48, 62; Clara Gerlach. S. 43, 47, 60; Szabolcs Lengyel: S. 44; Matthew Malcom Zierenberg: S. 49 u.; Martha Bangen: S. 51; Nele Menze: S. 54 r., Nael Filippe Plantera: S. 55, 61; Pauline Langen: S. 56 o. r.

Wir danken allen Lizenzträgern für die freundliche Abdruckgenehmigung.
In Fällen, in denen es nicht gelang, Rechtsinhaber an Abbildungen zu ermitteln, bleiben Honoraransprüche gewahrt.

1. Auflage 2021
Alle Rechte vorbehalten, auch die des auszugsweisen
Nachdrucks und der fotomechanischen Wiedergabe.
Gestaltung und Satz: r2 | Ravenstein, Verden
Druck: Druck- und Verlagshaus Thiele & Schwarz GmbH, Kassel
Buchbinderische Verarbeitung: Buchbinderei S. R. Büge, Celle
© Wartberg-Verlag GmbH
34281 Gudensberg-Gleichen • Im Wiesental 1
Telefon: 056 03/9 30 50 • www.wartberg-verlag.de
ISBN: 978-3-8313-3104-8

Liebe 2004er!

Wir sind jetzt 18, das bedeutet, wir sind erwachsen und übernehmen die volle Verantwortung für unser Tun und unser Leben. Aber keine Sorge, darauf seid ihr bestens vorbereitet. Wenn ihr dieses Buch lest, werdet ihr euch an Dinge erinnern, die ihr schon fast vergessen habt. Während ich dieses Buch geschrieben habe, habe ich eine Gedankenreise in die Vergangenheit gemacht und die ersten 18 Jahre meines Lebens noch einmal erlebt. Sowohl für uns, als auch für unsere Eltern waren es aufregende Jahre mit Höhen und Tiefen. Wir lernten sprechen und laufen, kamen in den Kindergarten, wo wir erste Freundschaften schlossen, verewigten uns gegenseitig in unseren Freundebüchern und bekamen zur Einschulung eine Tüte voll mit Stiften, Schokolade und Stickern. Mit jedem Schulwechsel wurden wir selbstständiger, gingen shoppen, feiern, entwickelten unseren eigenen Stil, wurden politisch und bestanden den Führerschein. Wir bereiteten uns auf unser Abitur vor oder machten eine Ausbildung. Und das unter erschwerten Bedingungen – mit Maske, Ausgangssperre und Abstandsregelung. Doch auch damit kamen wir zurecht.

Ich hoffe, ihr reist – genauso wie ich – mithilfe dieses Buches zurück in eure Vergangenheit und eure persönlichen Erinnerungen werden dabei geweckt.

Alles Gute zum Geburtstag und viel Spaß beim Lesen!

Mina Parvaresh

Mina Parvaresh

Auf ins Leben!

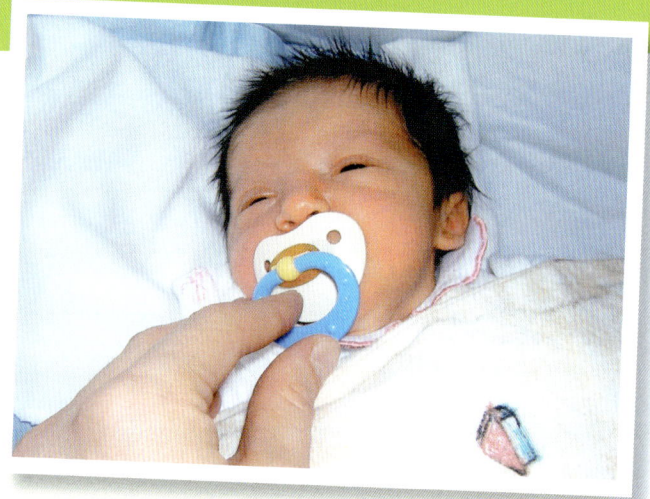

Here we are!

Endlich 2004! Das Jahr, in dem wir auf die Welt kamen und sie ein Stück verschönerten. Egal, ob im Krankenhaus, im Geburtshaus oder zu Hause, der Moment, als wir das erste Mal in Mamas und Papas Arm lagen und sie zum ersten Mal unseren Geruch wahrnehmen konnten, bleibt ein besonderer, auch wenn wir uns nicht daran erinnern können. Nachdem wir gewogen, gemessen, gewaschen und unsere Reflexe getestet

Chronik

4. Februar 2004
Mark Zuckerberg gründet das soziale
Netzwerk Facebook.

1. Mai 2004
Die Länder Estland, Lettland, Litauen,
Malta, Polen, Slowenien, Slowakei, Ungarn,
Zypern und die Tschechische Republik
werden Mitgliedsstaaten der Europäischen
Union.

26. September 2004
Nach einem Erdbeben im Indischen
Ozean entsteht ein Tsunami, welcher
250 000 Todesopfer fordert und
1,7 Millionen Menschen obdachlos macht.

14. Februar 2005
Die Videoplattform YouTube wird gegründet.

19. April 2005
Nach dem Tod von Papst Johannes II. wird
der deutsche Kardinal Joseph Ratzinger zum
Papst gewählt und nennt sich Benedikt XVI.

7. Juli 2005
Bei Terroranschlägen in London kommen
52 Menschen ums Leben, 800 Menschen
werden verletzt.

22. November 2005
Als erste Frau wird Angela Merkel (CDU)
Bundeskanzlerin von Deutschland.

9. Juni 2006
Die Fußballweltmeisterschaft findet zum
zweiten Mal seit 1976 in Deutschland statt.
Italien gewinnt den Titel.

26. Juni 2006
Der als „Problembär" betitelte Braunbär
Bruno, der aus den norditalienischen Alpen
nach Bayern gewandert ist, wird erst zum
Medienstar und dann erschossen.

1. August 2006
Eine Reform der deutschen Rechtschreib-
reform von 1996 tritt in Kraft und soll die
deutsche Sprache vereinfachen.

23. August 2006
Der seit dem 2. März 1998 verschwundenen
Österreicherin Natascha Kampusch gelingt
in Wien die Flucht vor ihrem Entführer.

Ich fliege durch die Lüfte

worden waren, durften wir schließlich
nach Hause und Geschwister, Oma,
Opa und Familienfreunde kennenler-
nen, die schon auf die Nachricht
unserer Ankunft gewartet haben.

Aber erst mal durften wir uns auffüh-
ren wie Prinzessinnen und Könige,
denn außer süß auszusehen konnten
wir noch nicht wirklich viel zum gesell-
schaftlichen Wohl beitragen, und das
hat es unseren Eltern nicht leicht
gemacht. Wenn wir uns äußern mussten, schrien wir und ein Schreien kann
vieles bedeuten, aber vor allem kann es
frisch gebackene Eltern in den Wahn-
sinn treiben. Wir schrien, wenn unsere
Windel voll war, wir schrien, wenn wir
glücklich waren, wie schrien, wenn uns
etwas wehtat, doch der häufigste
Grund für einen plötzlichen Schreianfall
war wahrscheinlich, dass wir Hunger
hatten. Apropos, was ist eigentlich

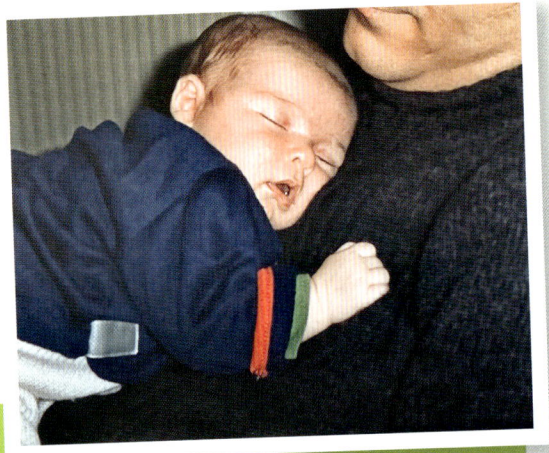

besser: ein Kind zu stillen oder es mit der Flasche zu füttern? Über diese und noch viele weitere Fragen mussten sich unsere Eltern in unserem ersten Lebensjahr den Kopf zerbrechen. Es gab so viele Möglichkeiten, sein Kind zu erziehen, aber was war die beste? Ob es wohl heute einen Unterschied macht, ob wir als Babys beruhigt wurden oder uns selber beruhigen mussten, wenn wir schrien?

Auf Papas Bauch lässt es sich am besten schlafen

Wir sind nicht die einzigen 2004er

*Grace VanderWaal (*15. Januar 2004)*
Vor allem bekannt durch die US-Amerikanische Talentshow „America's Got Talent", in welcher sie in der elften Staffel den ersten Platz belegt, veröffentlicht Grace im Alter von zwölf Jahren schon ihre erste Single. Bereits in der Show fällt Grace durch ihre besondere Stimme, aber auch durch ihr Talent als Songwriterin auf, denn sie singt nur selbst geschriebene Lieder und spielt dazu Ukulele.

*Millie Bobby Brown (*19. Februar 2004)*
Die britische Schauspielerin macht als „Elfie" in der US-amerikanischen Netflix-Serie „StrangerThings" auf sich aufmerksam. Sie wird zweifach nominiert für einen Emmy als beste Nebendarstellerin. Aber Millie ist nicht nur als Schauspielerin bekannt, sie modelt und singt auch.

*Charli D'Amelio (*1. Mai 2004)*
Charli D'Amelio wird durch die Social-Media-Plattform TikTok bekannt. In den USA geboren, lebt sie auch dort. Mit über 120 Millionen Abonnenten (Juli 2021) auf ihrem TikTok-Account ist sie die berühmteste Influencerin auf dieser Plattform. In den kurzen Videos, die sie postet, tanzt sie selbst ausgedachte Tänze. Zusammen mit ihrer Familie wird sie so auf der ganzen Welt bekannt.

Charli D'Amelio, die zurzeit erfolgreichste TikTokerin

*Mackenzie Ziegler (*4. Juni 2004)*
Genau wie ihre Schwester Maddie Ziegler ist auch Mackenzie eine erfolgreiche Tänzerin. Anfangs tanzt sie in der US-amerikanischen Fernsehshow „Dance Moms" und wird dadurch berühmt. Auf vielen Social-Media-Plattformen postet sie Bilder und Videos von sich und veröffentlicht auch eigene Songs. Nicht nur das Tanzen ist der Grund für ihre Bekanntheit, sie arbeitet auch erfolgreich als Model und Sängerin.

*Noah Schnapp (*3. Oktober 2004)*
Wie auch Millie Bobby Brown erlangt der kanadisch-US-amerikanische Schauspieler Noah Schnapp Bekanntheit durch die Netflix-Serie „StrangerThings". Zuvor spielte er bereits in anderen Filmen mit, der internationale Durchbruch gelingt ihm jedoch mit der Netflix-Serie. 2017 wird er zusammen mit seinen Mitschauspielern als bestes Ensemble einer Drama-Serie ausgezeichnet.

*Jules LeBlanc (*5. Dezember 2004)*
Julianna Grace LeBlanc ist eine ehemalige amerikanische Turnerin, die aber durch den YouTube-Kanal ihrer Familie ins Rampenlicht rückt. Der Kanal, „Brataley", erlangt über sieben Millionen Abonnenten. 2019 veröffentlicht die Familie das letzte Video ihrer „Daily Vlogs", seither ist Jules als Schauspielerin unterwegs. Sie und ihre beste Freundin Jayden Bratels spielen die Hauptrollen der Nikelodeon-Serie „Side Hustle".

Netflix-Stars Noah Schnapp und
Millie Bobby Brown

Wir, die neuen Stars

Die ersten Monate war es unsere Aufgabe, niedlich zu sein, denn neben dem ganzen Stress, den unsere Eltern durchmachten, kam Woche für Woche neuer Besuch. Freunde und Familie wollten uns bewundern und Fotos mit uns machen. Für unsere Eltern waren wir die niedlichsten und bezauberndsten Babys auf der ganzen weiten Welt und über Bestätigung von Bekannten und

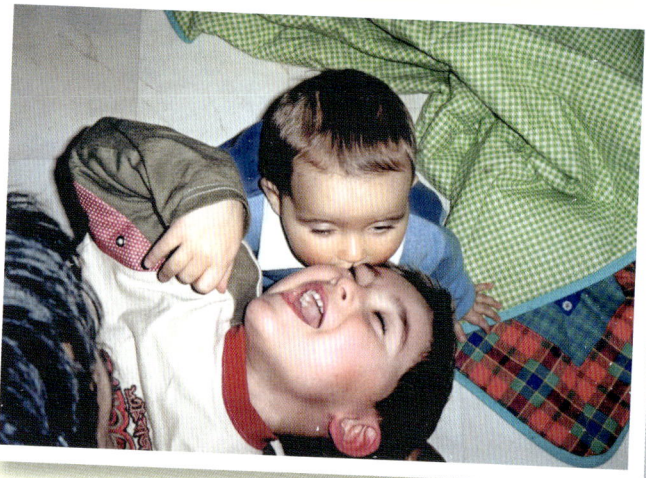

Vorsicht, bissig!

Verwandten freuten sie sich ungemein. Wie bei Prominenten, die einen eigenen Stern auf dem Boulevard in Hollywood haben, wurden auch unsere Händchen oder wahlweise Füßchen mit Farbe beschmiert, auf ein Papier gedrückt und dieses bei Oma und Opa an die Wand gehängt. Ein einfaches Lächeln von uns und wir brachten unsere Mitmenschen zum Strahlen. Jeder wollte uns sehen und knuddeln. Jeder brachte auch ein Geschenk mit und so wuchsen die Kuscheltierberge in unseren Zimmern stetig an.

Viel Besuch bedeutete auch viel Stress für uns, so kam es nicht selten vor, dass wir auf dem nächstbesten Arm einschliefen. Aber selbst beim Schlafen wurden wir beobachtet und natürlich auch fotografiert. An Bildern aus unseren

Wie konnten immer schlafen, egal, wo und in welcher Position

ersten Lebensjahren mangelt es uns nicht, denn egal, ob wir tief und fest schliefen, lachten oder unser Essen, das eigentlich in den Mund gehörte, in unser komplettes Gesicht und auf den restlichen Körper schmierten – bevor das Chaos beseitigt wurde, musste erst die Kamera her.

Wenn Mama und Papa mal keine Zeit hatten, war es zum Glück nicht schwer, einen Babysitter zu finden, denn für einen Tag wollte sich jeder gerne um uns kümmern. Auch wenn es beim ersten Mal, an dem wir von unseren Eltern getrennt wurden, sicherlich sowohl für uns, als auch für unsere Eltern schwer war, gewöhnten wir uns schnell an unsere neuen Aufpasser*innen und verbrachten spaßige Stunden mit ihnen.

Mit Essen spielt man nicht

Evolution zum aufrechten Gang

Langsam, aber sicher haben wir immer mehr Sachen gelernt und neben dem Schreien entdeckten wir schon bald unsere Ärmchen und Beinchen. Wie Profis drehten wir uns zuerst auf die eine, dann auf die andere Seite und schließlich auf den Bauch. Und das Beste war, für jede neue Sache, die wir gelernt hatten, bekamen wir Beifall von unseren Eltern. Schnell konnten wir über den Boden robben und trotz anfänglicher Schwierigkeiten stützten wir uns mit all unserer Kraft auf alle viere und krabbelten aus Neugier in jede Ecke, die wir dann genauestens erkundeten. Wir waren die größten Entdecker und hatten einen Riesenspaß dabei. Aber für unsere Eltern bedeutete das, dass sie uns nie aus den Augen lassen durften. Denn eine Sekunde ohne einen Aufpasser und wir griffen mit unseren kleinen Patschehändchen nach dem nächstbesten Gegenstand und steckten ihn uns in den Mund – egal, ob es ein Spielzeug, ein Fussel oder etwas ganz anderes war. Nach vielen Spaziergängen, die wir im Kinderwagen oder in einem Tragetuch – auf Mamas oder Papas Bauch oder Rücken – verbrachten, reichte es uns

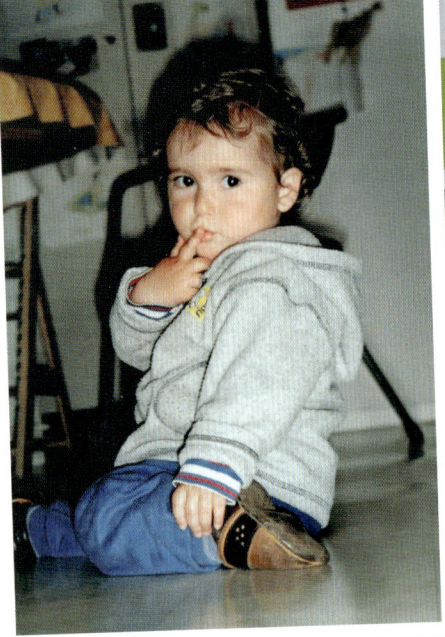

Warm, wärmer, heiß!

mit dem Herumgeschleppt-
werden. Jedes Möbelstück,
jedes Spielzeug, das groß genug
war, und jede Person, die neben uns stand, galt ab jetzt als Stützhilfe, damit
wir aufrecht auf zwei Beinen stehen konnten. Zuerst noch unsicher trotz
Festhaltens und vielem Hinfallen auf unseren Po, machten wir schon bald
unsere ersten Schritte. Einer der wahrscheinlich bedeutsamsten Momente
für unsere Eltern zu dieser Zeit – und es würde mich nicht wundern, wenn
viele Mamas und Papas aus lauter Freude darüber in Tränen ausgebrochen
wären. Vielleicht, weil sie
stolz waren, vielleicht aber
auch, weil sie erleichtert
waren, dass sie uns nicht
mehr ständig tragen muss-
ten. Schließlich waren wir
zwar süß, was aber nicht
bedeuten musste, dass wir
auch leicht waren.

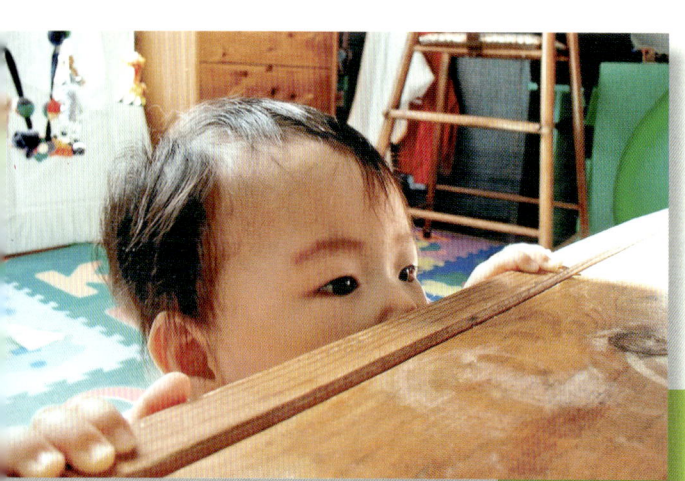

Wer linst denn da über die Tischkante?

Angela Merkel wird als erste Frau Bundeskanzlerin

Im November 2005 wird Angela Merkel als erste Frau und als erste Kandidatin aus den ostdeutschen Bundesländern zur Bundeskanzlerin gewählt. Seit 1949 haben bis dahin nur Männer dieses Amt inne gehabt. Angela Merkel bleibt Bundeskanzlerin bis zum Jahr 2021, in welchem sie nach 16 Jahren, nicht mehr für das Amt als Kanzlerin kandidiert. Bis 2018 ist Merkel außerdem Vorsitzende der CDU. Sie überzeugt ihre Wähler vor allem durch ihre Persönlichkeit, ihr Engagement in der Europäischen Union und auch durch ihre Haltung in der Flüchtlingspolitik.

Angela Merkel nach ihrer Wahl
zur ersten deutschen Bundeskanzlerin

Spiel, Spaß und Freu(n)de

Krabbelgruppen oder andere Babykurse waren nicht nur für uns ein spannender und spaßiger Ort, genau wie wir schlossen dort auch unsere Eltern Freundschaften. Sie waren froh, dass sie sich mit anderen Eltern unterhalten konnten, während wir zusammen mit neuen Spielgefährt*innen um die Wette krabbelten, spielten und uns auf unsere eigene Art und Weise mit ihnen unterhielten, denn richtige Wörter konnten wir noch nicht sagen. Aber dafür schrien oder lachten wir um die Wette und brabbelten in unserer ganz eigenen und für Außenstehende fremden Sprache fröhlich vor uns hin.

Auch zu Hause besuchten uns Kinder, denen wir all die Spielzeuge zeigen konnten, die wir geschenkt bekommen hatten. Zusammen verbrachten wir den Tag – so lange, bis einer den anderen zum Weinen brachte oder wir müde wurden. Und auch wenn gerade mal kein Spielpartner bei uns war, wurden wir trotzdem rund um die Uhr bespaßt und bekamen immer das, was wir wollten, denn ein glückliches Kind bedeutet glückliche Eltern. Wenn wir Hunger hatten, wurde uns der Babybrei serviert, den wir am meisten mochten, und wenn wir getragen werden wollten, dann nahm uns Mama oder Papa auf den Arm. Wenn wir unseren Eltern noch nicht mit Worten mitteilen konnten, dass es zu anstrengend ist weiterzulaufen, dann stellten wir uns einfach vor sie, streckten beide Arme in die Luft und quengelten.

Doch schon bald war Schluss mit der nur uns verständlichen Babysprache, denn jetzt konnten wir ganze Wörter sagen. Es fing an mit „Babababa" woraus sehr bald „Papa" oder „Mama" wurde. Das reichte natürlich noch

12

nicht zum Verständigen, aber wir lernten schnell. Wenn wir jetzt getragen werden wollten, sagten wir „Arm!", was zwar nicht besonders höflich, dafür aber einfach zu verstehen war. Aus einzelnen Wörtern fügten wir mit der Zeit ganze Sätze zusammen und vor lauter Freude, dass uns endlich jemand verstehen konnte, hörten wir kaum noch auf zu reden.

Finger aus dem Mund!

Fußballweltmeisterschaft

Vom 9. Juni bis zum 9. Juli 2006 wird in Deutschland die Fußballweltmeisterschaft ausgetragen. Zum zweiten Mal seit 1976 treffen sich die weltbesten Nationalmannschaften bei dem alle vier Jahre stattfindenden Turnier in Deutschland. Auch wenn die deutsche Mannschaft nicht als Sieger hervorgeht, herrscht in den Wochen der Veranstaltung eine tolle Feierstimmung im ganzen Land. Deutschland belegt hinter Weltmeister Italien und Frankreich den dritten Platz. Dem Motto

der Meisterschaft „Die Welt zu Gast bei Freunden" macht Deutschland alle Ehre.

Jahre später kommen jedoch Diskussionen auf, ob die Weltmeisterschaft 2006 nur aufgrund von Schmiergeldzahlungen nach Deutschland vergeben worden ist. Geklärt werden kann dieser Skandal aber nicht. Ob gekauft oder nicht, die Veranstaltung rund um die Weltmeisterschaft gilt als ein Erfolg und wird in den Medien und Geschichtsbüchern als „Sommermärchen" betitelt.

Wir entdecken die Welt

Fast schon erwachsen

Jetzt, wo wir bereits sprechen und laufen konnten, meldeten uns unsere Eltern mit spätestens drei Jahren im Kindergarten an. Anfangs waren wir noch eingeschüchtert von all den neuen Leuten und Räumen und wollten uns gar nicht von Mama und Papa trennen. Doch nach ein paar Tränen wagten wir den Versuch und erkundeten ängstlich, aber auch neugierig das Gebäude. An das neue Umfeld konnten wir uns schnell gewöhnen, denn wir wurden rund um die Uhr bespaßt und hatten viele Spielpartner in unserem Alter. Wenn es gerade mal kein festes Programm

Chronik

Januar 2007
Rumänien und Bulgarien treten der EU bei.

9. Januar 2007
Steve Jobs stellt das erste iPhone vor.

7. Juli 2007
Die 24-stündige Konzertreihe Live Earth findet auf sieben Kontinenten statt. Das weltweite Benefiz-Musikevent soll auf die globale Erderwärmung aufmerksam machen.

1. September 2007
In Gaststätten, im öffentlichen Nahverkehr und in öffentlichen Einrichtungen gilt in Deutschland fortan das Rauchverbot.

Dezember 2007
Das Klimaschutzziel, bis 2020 40 % weniger Treibhausgasemissionen zu produzieren, wird erstmals formuliert.

12. Mai 2008
Bei einem starken Erdbeben in Sichuan in China sterben rund 70 000 Menschen.

15. September 2008
Die weltweite Finanzkrise erreicht mit der Insolvenz der US-Investmentbank Lehman Brothers ihren Höhepunkt.

4. November 2008
Barack Obama wird zum 44. Präsidenten der Vereinigten Staaten gewählt.

9. Januar 2009
Die dezentrale Kryptowährung Bitcoin startet als erste digitale Währung.

24. Februar 2009
Der Instant-Messaging-Dienst wird eingeführt. Von nun an löst die App weitgehend die SMS ab.

Frühjahr 2009
Die Schweinegrippe breitet sich weltweit aus und fordert allein in Deutschland mindestens 18 449 Tote.

11. März 2009
Beim Amoklauf von Winnenden an der Albertville-Realschule tötet der 17-jährige Täter 15 Menschen und sich selbst.

25. Juni 2009
Der weltberühmte Popsänger Michael Jackson stirbt.

Ein Regentanz bei schönstem Sonnenschein

gab, wie gemeinsames Singen oder Turnen, dachten wir uns selber etwas aus. Wir malten, bastelten und bauten Burgen aus Bauklötzchen. Draußen konnten wir auf ein Klettergerüst oder Baumhaus klettern und im Sandkasten spielen.

Von all dem Spielen bekamen wir schließlich Hunger und freuten uns schon auf das Mittagessen. Neben Spinat, Kartoffelbrei und dem wässrigen Reis gab es manchmal auch Pizza, auf die wir sehnsüchtig die ganze Woche lang warteten.

An besonderen Tagen machten wir sogar die ersten Ausflüge ohne unsere Eltern. Gemeinsam mit unserer Kindergartengruppe besuchten wir unterschiedlichste Orte. Mal war es nur ein Spaziergang durch den nächstgelegenen Wald, oft haben wir aber auch interessantere Einrichtungen wie zum Beispiel die Feuerwehrwache, den Tierpark oder einen Radiosender erkundet. Egal, wo die Reise hinging, wir hatten einen Riesenspaß und es war sehr spannend und aufregend, ohne unsere Eltern mit Bus oder Bahn zu fahren und die Welt kennenzulernen. Nicht selten spendierten uns unsere Betreuer zum Abschluss eines Ausflugstages eine Eiskugel und wir erzählten unseren Eltern in allen Einzelheiten aufgekratzt von unserem Tag.

Wir malen uns die Welt, wie sie uns gefällt

Wir konnten alles malen, von Pflanzen über Menschen bis hin zu Pferden, nur dass es nicht gleich jeder erkennen konnte. Aus einer Ecke unserer Kunstwerke grinste uns immer eine Sonne an. Stolz schenkten wir unseren Eltern Tag für Tag neue Bilder, sodass Mama und Papa nicht mehr wussten wohin mit all den Blumenwiesen und Piratenschiffen. Und auch im Kindergarten nahm das Basteln kein Ende.

Wenn gerade mal kein Stift und Papier neben uns lagen, dann galt es sich anders zu beschäftigen, was aber dank der über Jahre gesammelten Spielzeuge kein Problem war. Mit Bauklötzchen bauten wir die höchsten Türme und unsere Kuscheltiere wurden zum Leben erweckt. Glücklich, wer große Geschwister hatte, denn dann hatten wir immer einen Spielpartner und uns wurde nie langweilig. Unsere älteren Geschwister waren unsere größten Vorbilder und wir wollten unbedingt sein wie sie, auch wenn es den einen oder anderen Streit zwischen uns gab. Aber selbst wenn wir keinen älteren Bruder und keine große Schwester hatten, kannten wir mittlerweile eine Menge Freunde oder Freundinnen aus dem Kindergarten oder aus der Nachbarschaft.

Bei gutem Wetter spielten wir am allerliebsten draußen. Wir gingen auf Spielplätze, machten Wasserschlachten und alberten herum. Das freute

Wer hat hier bei wem abgemalt?

auch unsere Eltern. Schließlich mussten wir uns austoben, damit wir am Abend schnell einschliefen und nicht die Familie auf Trab hielten.

Unsere neuen Freunde und Freundinnen luden uns auf ihre Geburtstage ein und wir verbrachten wunderbare Nachmittage zusammen, an welchen wir Muffins verschlangen, Süßigkeiten genossen und Pizza aßen.

Der beste Tag im Jahr war aber immer noch unser eigener Geburtstag, denn da standen wir den ganzen Tag im Mittelpunkt. Im Kindergarten wurde für uns gesungen und wir waren immer als Erste an der Reihe. Häufig gab es sogar eine Krone, die wir den ganzen Tag auf unserem Kopf balancierten. Zudem bekamen wir lauter Geschenke, meistens noch mehr Spielzeuge, und einfach jeder wollte mit dem Geburtstagskind spielen.

Geschwisterwerk:
das Knusperhäuschen

Wir feiern, was das Zeug hält

Wir gingen von Party zu Party, denn unsere vielen Freunde und Freundinnen, die wir aus dem Kindergarten, der Musikschule oder der Nachbarschaft kannten, hatten alle irgendwann Geburtstag und das musste natürlich ausnahmslos gefeiert werden. Voller Vorfreude stürzten wir uns also in das Abenteuer der

Backe, backe, Kuchen

Tätäää, die Party geht los!

Kindergeburtstage, welche – um
ehrlich zu sein – fast immer densel-
ben Ablauf hatten. Erst einmal wurden wir mittels einer bunten, oft selbst
bemalten Karte auf die Feier eingeladen, die wir allerdings noch nicht alleine
lesen konnten. Wenn das Wetter gut war, wurde der Tag draußen verbracht.
Wir machten eine Schnitzeljagd oder Spiele wie Dosenwerfen und Sackhüp-
fen. Vorher überreichten wir dem Geburtstagskind unser Geschenk. Meistens
setzten wir uns dafür in einen Kreis und ließen per Flaschendrehen entscheiden, wer sein Geschenk überreichen durfte. Oft waren das Hörspiele, kleine
Gesellschaftsspiele, Malbücher, Bastelsets oder auch Figuren von Schleich,
Barbie, Playmobil oder Lego. Die vom Geburtstagskind ergatterten Spielsachen wurden gleich ausprobiert. Mal gab es eine Piñata, gefüllt mit Süßigkeiten,

Wir liebten Lollis
in Schnullerform

mal bastelten wir etwas oder spielten Fußball. Egal, was geplant war, an einem solchen Tag war der Spaß garantiert. Auch das Essen wurde perfekt dann serviert, wenn unsere Bäuche anfingen zu grummeln. Natürlich war es immer lecker, wenn auch nicht unbedingt gesund. Ob Pizza, Pommes, Burger oder Bratwürstchen, wir aßen uns satt, aber für das Dessert, den Geburtstags-kuchen, blieb noch Platz. Auch wenn es nicht unser eigener Geburtstag war, gingen wir nicht mit leeren Händen von der Party. Als unsere Eltern kamen, um uns abzuholen, wurde uns zum Abschied eine kleine Tüte mit Süßigkeiten und anderen Kleinigkeiten, wie Sticker und Tattoos, überreicht. Auf jedem

Geburtstag freundeten wir uns noch ein Stück mehr an und schon bald wussten wir, wer unsere dicksten Freunde und Freundinnen waren.

Manchmal verwandelten wir uns in gefährliche Tiere

Die Finanzkrise

Im Hebst 2008 kommt in den USA eine Finanzkrise ins Rollen, die auch Europa und die ganze Welt betrifft. Auslöser ist das Platzen einer großen Immobilienblase in den USA: Der niedrige Zinssatz in den USA hat viele Menschen verlockt, Kredite zu Hausfinanzierung aufzunehmen. Als der US-Leitzins wieder steigt, können zahlrei-che Schuldner ihre Kredite nicht abbezah-len und müssen ihre Häuser verkaufen. Da es nun ein zu großes Angebot an Immobi-lien gibt, sinkt der Preis der Immobilien und es kommt zu Zwangsversteigerungen. Die Krise erreicht am 5. September 2008 ihren Höhepunkt mit der Insolvenz der Bank Lehman Brothers, auch andere Banken weltweit werden zahlungsunfähig. In Deutschland werden Insolvenzen der großen Finanzdienstleister wie Commerz-bank und UBS durch staatliche Kapitaler-höhungen abgewendet. Als Folge der Finanzkrise verschulden sich viele Länder wie Griechenland oder Portugal hoch. Das löst schließlich die Eurokrise aus.

Sommer, Sonne, Strand und mehr

In den Sommermonaten gab es für uns nichts Schöneres, als draußen zu toben und zu spielen. Mit Sonnencreme eingeschmiert bis hinter die Ohren und geschützt durch ein süßes Sonnenhütchen, ging es ab in die Sonne. Aber egal ob im Urlaub oder zu Hause, in der Hitze mussten wir uns abkühlen und wenn wir eben nicht das Meer in Reichweite hatten, dann sprangen wir in ein Planschbecken, einen See

Profi-Wellenreiterin,
auch ohne Seepferdchen

oder ins Schwimmbecken im Freibad. Mithilfe von Schwimmflügeln konnten wir sogar schon schwimmen wie die Weltmeister und wir hatten einen Mordsspaß dabei, unsere Mitmenschen mit Wasser zu bespritzen. Mit Wasserpistolen zielten wir gekonnt auf die Gesichter unserer Eltern. Manchmal traf es auch einen Nachbarn oder einen zufälligen Spaziergänger. Unsere Spielzeugsammlung umfasste natürlich auch Wasserspielzeuge. So konnten wir entspannt auf unser Wasserkrokodil liegen, uns auf dem Donutschwimmreifen oder auf der Pizzaluftmatratze treiben und vom Wasser herumschaukeln lassen. Immer dicht dabei: unsere Eltern, die stets aufpassen mussten, dass wir nicht untergingen. Im Sand bauten wir mithilfe von Schaufel und Eimern die schönsten und größten Burgen oder pressten den Sand in ein Förmchen und ohne weitere Mühen entstanden so die verschiedensten Tiere, Sterne oder Blumen.

Damit unsere Eltern nicht ständig an unserer Seite blieben und jede Wasserbegegnung begleiten mussten, wurden wir schnell in einem Schwimmkurs angemeldet. Und nach

Uah, ich bin ein Wäschemonster!

einiger Übung konnten wir ganz ohne Hilfe 25 Meter schwimmen und nach einem bunten Ring tauchen. Dafür gab es auch eine Belohnung, denn wir hatten unser erstes Abzeichen erschwommen: das Seepferdchen! Damit auch jeder unseren Triumph sehen konnte, nähten Mama oder Papa das Abzeichen auf unsere liebste Badehose oder unseren liebsten Badeanzug und von nun an gab es für uns nur noch dieses eine Schwimmoutfit.

Wir spielten Fußball wie die Weltmeister

Kleine Profis werden ausgebildet

Viele von uns besuchten schon früh die ersten Sport- oder Musikkurse. Bereits mit ca. drei oder vier Jahren durften wir zum Kinderturnen oder zum Judo gehen. Dort tobten wir in erster Linie herum, bis wir nicht mehr konnten. Aber auch andere Sportarten wie Fußball, Schwimmen oder Tanzen wurden häufig schon im frühen Alter ausprobiert und oft auch über die nächsten Jahre weitergeführt, vielleicht sogar bis heute. Wenn wir mal keine Lust hatten ordentlich mitzumachen, dann hatten wir eben keine Lust und brachten so manches Mal unsere Trainer*innen zum Verzweifeln. Wir wollten halt nicht geordnet und artig in einer Reihe stehen, sondern mit den anderen Kindern um die Wette rennen und schreien. So kam es schnell das eine oder andere Mal dazu, dass wir uns auf die Bank setzen mussten und nicht mehr mitmachen durften.

Auch musikalisch durften wir unser Talent jetzt schon auf die Probe stellen. Mit Instrumenten wie Flöte, Trommeln oder Glockenspielen wurde meist früh angefangen. Übung macht bekanntlich den Meister und so übten wir mehr oder weniger fleißig und bereiteten unseren Eltern nicht selten Kopfschmerzen. Aber die machten sich spätestens dann bezahlt, wenn unsere Mamas und Papas ihren kleinen Engel stolz bei dem ersten Auftritt beobachten konnten und das gesamte Publikum nur für uns applaudierte. Auch an Familienfeiern oder Feiertagen wie Weihnachten war es von nun an unsere Aufgabe, die Gäste zu entertainen.

Barack Obama wird Präsident

Am 4. November 2008 gelingt es Barack Obama, die 44. Präsidentschaftswahl der Vereinigten Staaten von Amerika zu gewinnen. Er ist der erste afroamerikanische Bürger, welcher es in das Weiße Haus schafft. Mit dem Slogan „Yes we can!" erreicht er die Mehrheit der Bürger und gewinnt als Mitglied der Demokratischen Partei die Wahl.

2009 wird dem 48-jährigen Obama der Friedensnobelpreis verliehen, da er ein völlig neues internationales Klima geschaffen habe. Die Entscheidung, Obama als Friedensnobelpreisträger zu ernennen, ruft jedoch auch viele kritische Reaktionen hervor. 2016 wird Barack Obama von dem Republikaner Donald Trump in seinem Amt abgelöst.

Barack Obama nach seiner Wahl zum ersten afroamerikanischen Präsidenten der USA.

Wir radeln wie die Weltmeister

Wir waren schnell, aber wir wollten noch schneller sein. All die langen Spaziergänge mit unseren Eltern hatten wir auch satt, denn mit unseren kurzen Beinen war es für uns einfach anstrengend mitzuhalten. Und mit unserem Dreirad oder dem kleinen Puky-Roller waren wir zu langsam. Also mussten wir schnell Rad fahren lernen. Doch bevor wir uns trauten, aufs Fahrrad zu steigen, musste erst ein Laufrad her. Nach einigen Anläufen

Auf dem Laufrad waren wir blitzschnell

beherrschten wir das Laufradfahren aber schon perfekt und flitzten davon. Das schulte unseren Gleichgewichtssinn so gut, dass unsere Eltern sich bald schon nach einem richtigen Fahrrad für uns umschauen mussten. Mit einem Helm auf dem Kopf wagten wir uns an den ersten Versuch. Natürlich erst einmal mit Unterstützung. Mama oder Papa schoben uns an und wir

Klingeling, lasst mich durch!

versuchten oft erst erfolglos das Gleichgewicht zu halten. Wir fielen und heulten und fielen und heulten. Aber das hielt uns nicht davon ab, immer wieder auf das Rad zu steigen und einen weiteren Versuch zu starten. Schließlich wollten wir dazugehören, zu den coolen Kids. Irgendwann, nach etlichen Stürzen, vielen Tränchen und ein paar Kratzern an uns und unserem Fahrrad, schafften wir es, das Rad in den Griff zu bekommen und unseren Eltern davonzufahren. So hatten wir gleich viel mehr Lust, mit unseren Eltern spazieren zu gehen und konnten schon bald mit anderen Kindern durch die Nachbarschaft düsen.

Der King of Pop

Einer der berühmtesten Sänger der Welt verstirbt am 24. Februar 2009. Michael Jacksons Tod erschüttert die gesamte Welt. Doch sowohl vor als auch nach seinem Tod sind die Meinungen zu Michael Joseph Jackson sehr umstritten. Er hat Kinder von verschiedenen Frauen, hat Dutzende Schönheits-OPs machen lassen und besonders seine auffallende Nähe zu Kindern wird oft kritisch beäugt. Doch trotz der Skandale ist Michael Jackson ein Meister darin, seine Fans zu entertainen, und er bringt mit seinen Songs eine Musik auf den Markt, wie es sie noch nie zuvor gegeben hat. Zudem erzählen seine Musikvideos ganze Geschichten und benutzen für die damalige Zeit völlig neue technische Effekte. Vor allem das Video zu seinem Song „Thriller" (1982) ist berühmt für die unglaublich guten Videoeffekte. Seine erfolgreichste Single ist „Billie Jean". Sie wurde über zwölf Millionen Mal verkauft.

Bevor Michael Jackson seine Solo-Karriere in den 70er-/80er-Jahren startet, ist er zusammen mit seinen Geschwistern in der Band „Jackson 5" erfolgreich. Der „King of Pop" verstirbt auf tragische Weise am 24. Februar 2009 an einer Überdosis Medikamente in Los Angeles.

Zwischen **Lernen** und **Spielen**

Wir dürfen in die Schule!

Im Sommer 2010 war es endlich so weit: Unsere Einschulung stand bevor. Schon Monate vor dem Tag der Einschulung konnten wir an nichts anderes mehr denken, denn es galt sich vorzubereiten. Wir gingen mit den Eltern, spendablen Paten oder Großeltern unseren ersten Schulranzen aussuchen. Meistens war der mit Tieren, Piraten oder auch Feen bedruckt und beinhaltete alles, was in den Schulranzen gehörte: ein doppeltes Federmäppchen für all die bunten Stifte, einen Turnbeutel, manchmal auch einen Regenschirm oder eine Brustbeutel fürs Taschengeld – natürlich alles im gleichen Design. Wochenlang trugen wir den neuen Ranzen zu Hause spazieren und präsentierten ihn stolz jedem Gast. Manche Vorschulkinder durften ihn sogar mal mit in den Kindergarten bringen. Zudem planten wir unser Outfit für das erste Mal an

Chronik

12. Januar 2010
Haiti wird von einem Erdbeben der Stärke 7,0 erschüttert. Mindestens 200 000 Menschen sterben und es gibt mehr als 300 000 Verletzte.

29. Mai 2010
Der ESC wird von der deutschen Sängerin Lena Meyer-Landrut mit dem Song „Satellite" gewonnen.

24. Juli 2010
21 junge Menschen sterben, nachdem bei der Love Parade in Duisburg eine Massenpanik ausbricht.

11. März 2011
Eine durch ein Erdbeben verursachte Tsunami-Welle zerstört Teile des japanischen Atomkraftwerkes Fukushima. Atomare Strahlung wird freigesetzt. Die Katastrophe fordert über 15000 Menschenleben.

Frühjahr 2011
Die Revolution in Tunesien löst den Arabischen Frühling, eine Welle von Protesten gegen die autoritären Regime in Nordafrika und dem Nahen Osten, aus.

2. Mai 2011
Ein US-Elitekommando tötet den Anführer der Terrorgruppe Al-Qaida, Osama bin Laden.

18. März 2012
Nach dem Rücktritt von Christian Wulff übernimmt Joachim Gauck das Amt des Bundespräsidenten.

6. August 2012
Auf dem Mond landet der Mars-Roboter Curiosity und sendet bereits kurz nach der Landung Bilder vom roten Planeten.

Februar 2013
Nach acht Jahren als Papst tritt der Deutsche Benedikt XVI. von dem Amt zurück und der Argentinier Franziskus wird zum Papst ernannt.

Juni 2013
Die Enthüllungen des ehemaligen CIA-Mitarbeiters Edward Snowden über Spionagepraktiken von Geheimdiensten lösen eine globale Überwachungsaffäre aus. Der „Whistleblower" Snowden muss ins Exil nach Moskau fliehen.

Was da wohl drin ist?

unserer neuen Schule, schließlich wird man nicht jeden Tag eingeschult. Der Kindergarten gefiel uns zwar richtig gut, aber wir wollten auch zu den Großen gehören und außerdem hatten wir riesige Lust, etwas zu lernen, damit wir selber unsere Bücher lesen konnten und Mama und Papa sie uns nicht mehr vorlesen mussten.

Nach Wochen voller Aufregung und Vorfreude war es dann so weit. Morgens bekamen wir von unseren Eltern die lang ersehnte Schultüte überreicht, welche fast so groß war wie wir selber. Manchmal war sie von Müttern oder Paten selbst gebastelt worden, aber eigentlich war uns das egal, uns

interessierte ja der Inhalt. Zur Feier des Tages kamen sogar die Großeltern oder andere Verwandte, um uns einen Tag lang zu begleiten. In der Sporthalle unserer neuen Schule angekommen, waren wir gespannt auf die Klasseneinteilung und unsere neue Lehrerin oder unseren neuen Lehrer. Ob wir wohl zusammen mit Freund*innen aus dem Kindergarten in eine Klasse kommen würden? Während uns die älteren Schulkinder und die Lehrerschaft mit Liedern, Aufführungen und Reden willkommen hießen, waren wir mit unseren Gedanken ganz woanders. Dann, nach einer gefühlten Ewigkeit wurde unser Name aufgerufen und wir durften nach vorne zu unserer neuen Klasse kommen. Zwischen bekannten und befreundeten Kindern und welchen, die wir noch nie gesehen hatten, wurden wir in unseren Klassenraum geführt. Lesen und Schreiben haben wir an unserem ersten Schultag noch nicht gelernt, dafür spielten wir Spiele, malten und bastelten. Anfangs waren wir noch so schüchtern, dass wir uns kaum trauten zu reden, aber spätestens nach den Kennenlernspielen war die Freude auf die kommende Zeit größer als die Nervosität. Der Schultag ging leider schneller vorbei, als uns lieb war, und als wir auf den Schulhof stürmten, erwarteten uns schon Mama, Papa, Oma, Opa und die anderen Gäste, um uns wieder mit nach Hause zu nehmen. Wir hatten zum Glück immer noch unsere Schultüte, die wir trotz der Aufregung nicht vergessen hatten. Zu Hause durften wir sie dann endlich öffnen. Gefüllt war sie meistens mit unendlich vielen Süßigkeiten, coolen Stickern und Spielzeugen wie kleinen Kuscheltieren oder Flummis.

Erdbeben in Haiti

Am 12. Januar 2010 ereignet sich in Haiti ein Erdbeben mit einer Stärke von 7,0, welches den bereits sehr armen Inselstaat in der Karibik nahezu komplett zerstört. Das Land hat oft mit Naturkatastrophen zu kämpfen. Nach dem Erdbeben liegen in manchen Regionen 90 % der Häuser in Trümmern und Millionen von Menschen müssen um ihr Überleben kämpfen. Etwa 300 000 Todesopfer sind zu beklagen, ein Drittel der Landesbevölkerung ist von der Naturkatastrophe betroffen. Erste Helfer kommen kaum zu den Opfern unter den Trümmern durch. Der Wiederaufbau des Landes ist schwer zu organisieren und dauert viel länger als geplant. Zudem versprechen einige Staaten mit Geld zu helfen, jedoch kommt dieses nie bei den Menschen in Haiti an. Auch zehn Jahre später hat sich der Karibikstaat nicht von dem Erdbeben erholt, es herrschen Korruption, Chaos und Armut, vielerorts sind die Trümmer noch zu sehen.

In der Schule angekommen

Eine richtige Benotung gab es anfangs noch nicht. Trotzdem wollten wir unbedingt zu den Besten gehören und deshalb lernten und lernten wir. Wir schrieben sogar unsere ersten Tests und wenn wir diese mit Bravour bestanden, zeigten wir sie stolz Mama und Papa. Wir lernten so schnell, dass wir unseren Eltern schon bald mehr vorlasen als sie uns. Und die Mühe machte sich bezahlt, wenn im Zeugnis stand, wie super wir mitarbeiteten. Doch manchmal verschwand die Motivation auch plötzlich. Dann hatten wir keine Lust mehr, Hausaufgaben zu machen, und unsere Eltern mussten uns mehr oder weniger zwingen.

So macht Schule Spaß

Zum Glück bestand die Grundschule nicht nur aus Lernen. Es gab auch unzählige Sportfeste und Wandertage, an denen wir Ausflüge machten, und sogar erste kurze Klassenfahrten. Natürlich nicht zu weit von zu Hause weg. Oft führte die erste Klassenfahrt einfach in die nächstgelegene Jugendherberge. Aber wir waren noch so klein, da wirkte die Entfernung nach Hause gigantisch. So gigantisch, dass der eine oder die andere Heimweh bekam und unbedingt zurück zu den Eltern wollte. Meistens konnte das Heimweh aber überwunden und die Zeit ohne Eltern dann doch genossen werden. Wenn man Mama und Papa nicht mehr zu sehr vermisste, war die Zeit so schön, dass sie zu schnell vorüberging. Tagsüber waren Aktivitäten geplant, wie T-Shirts bemalen oder Spiele und Erkundungen in der Natur unternehmen. Trotzdem fand sich auch viel Zeit, in welcher wir uns frei auf dem Gelände bewegen durften und Verstecken oder Fangen spielten. In unseren Zimmern

Das erste Mal ohne Mama und Papa auf Reisen

28

standen meistens Stockbetten, um welche wir uns bereits bei der Ankunft in der Jungendherberge stritten, denn jeder wollte gerne oben schlafen. Nachdem wir zu Abend gegessen und noch ein wenig gespielt hatten, gingen wir auf die Zimmer. Natürlich gab es auch eine Bettruhe, die aber hielten wir nicht ein. Wir planten die Nacht durchzumachen, aber schliefen dann doch spätestens um 22 Uhr erschöpft ein. Am letzten Abend machten wir oft noch ein Lagerfeuer mit Stockbrot und tobten uns ein letztes Mal aus, bis unsere Eltern kamen, um uns abzuholen. Die erste Klassenfahrt dauerte meistens nicht länger als ein verlängertes Wochenende und deshalb ging die Zeit viel zu schnell vorüber. Doch so sehr wir die Tage genossen, wir haben auch unser Zuhause vermisst und freuten uns riesig, unsere Eltern zu umarmen, und auch auf unser eigenes Bett.

Unser erstes Taschengeld

Schon in jungen Jahren musste uns beigebracht werden, wie man richtig mit Geld umgeht. Daher bekamen wir ein wöchentliches Taschengeld. Natürlich nicht sonderlich viel, aber mehr als ein Eis oder eine Schnucketüte beim Kiosk brauchten wir uns auch nicht zu kaufen, um glücklich zu sein. Die Taschengeldvergabe war von Haus zu Haus unterschiedlich geregelt. Einige bekamen jeden Tag etwas Geld für die Schule, andere jedoch nur einmal in der Woche. So oder so nutzten wir alle unser Taschengeld mehr oder weniger gleich: in der Schule, um uns eine Waffel oder Brezel in der Schul-Cafeteria zu kaufen; oder zusammen mit Freund*innen, wenn wir uns ein oder zwei Eiskugeln oder eine Schnucketüte beim Kiosk holten – gefüllt mit Lakritzschnecken, Centershock-Kaugummis, sauren Zungen und noch ganz vielen weiteren Süßigkeiten. Oder wir besorgten uns dafür ein Reiseandenken aus dem Urlaub wie einen Schlüsselanhänger oder Ähnliches.

Unsere größte Geldquelle und der Grund dafür, dass wir niemals knapp bei Kasse waren, waren nicht selten unsere Großeltern, die uns bei jedem Besuch gekonnt ein Scheinchen zukommen ließen. Oft wurde aber auch schon früh ein Sparkonto für uns angelegt, auf welches monatlich Geld von Oma und Opa oder Mama und Papa überwiesen wurde, damit wir uns mit dem Ersparten später den Führerschein o. Ä. leisten konnten.

Neue Freundschaften

In den folgenden Jahren sollte die Schule unser zweites Zuhause werden, denn wir verbrachten nicht nur Zeit dort, um zu lernen. In den Pausen spielten wir zusammen Spiele wie Fangen, 1-2-3-frei oder Verstecken. Viele von uns gingen nach der Schule auch noch in die Nachmittagsbetreuung. So schlossen wir lauter neue Freundschaften. Im Hort wurde die Zeit ähnlich wie im Kindergarten verbracht. Wir bastelten, malten oder spielten Gesellschaftsspiele. Dabei durften unsere Freunde und Freundinnen nie fehlen. Natürlich verabredeten wir uns auch außerhalb der Schulzeit, um uns zum Spielen zu treffen. Uns gefiel die gemeinsam verbrachte Zeit so sehr, dass wir gar nicht von Mama oder Papa abgeholt werden wollten. Wenn unsere Eltern klingelten,

Immer schön melden und nicht reinplappern

versteckten wir uns, damit wir noch nicht nach Hause mussten. Außerdem hofften wir, dass sie sich noch lange mit den Gastgebereltern unterhalten würden, denn jede Sekunde, die wir gemeinsam verbrachten, genossen wir. Wenn wir Glück hatten, durften wir sogar bei ihnen übernachten. Dann spielten wir bis tief in die Nacht und blieben so lange wach, wie wir konnten. Wahrscheinlich hatte jeder von uns mal das Ziel, die Nacht durchzumachen. Meistens scheiterte der Plan zwar, aber trotzdem hatten wir viel Spaß und freuten uns schon auf die nächste Verabredung oder Übernachtung.

Atomkatastrophe in Fukushima

Am 11. März 2011 fallen durch ein Seebeben vor der Pazifikküste Japans und die dadurch ausgelösten Tsunami-Flutwellen mehrere Kühlsysteme in dem Atomkraftwerk Fukushima aus. Dadurch kommt es zu Kernschmelzen in drei Reaktoren und es werden gefährliche Mengen atomarer Strahlung freigesetzt, welche Luft, Böden, Wasser und Nahrungsmittel kontaminieren. Die Region um das stillgelegte Kraftwerk muss dauerhaft evakuiert werden. Bis heute sind Spuren der radioaktiven Partikel in Fukushima nachweisbar.

Durch die Katastrophe wird viel über die Gefahren der Kernenergie diskutiert. Immer mehr Atomkraftwerke werden vom Netz genommen. Deutschland fasst den Entschluss, bis 2022 komplett aus der Atomenergie auszusteigen.

Tierische Begeisterung

Genauso spannend wie unsere neuen Freundschaften waren wahrscheinlich deren Haustiere. Nicht nur Hund oder Katze, sondern auch Mäuse, Kaninchen, Meerschweinchen oder Wellensittiche waren bei manchen vertreten. Wenn wir selbst noch kein eigenes Haustier hatten, war es unser größter

Zum Fressen gern

Wunsch, eins zu bekommen. Alle haben wir uns mal einen täglichen Begleiter gewünscht, aber natürlich musste man sich genug Zeit für ein Haustier nehmen und und deshalb hat nicht jeder von uns eins bekommen. Doch trotzdem waren wir den Tieren ganz nah. Wir fuhren mit unseren Eltern oder sogar der Schule auf Bauernhöfe, um dort Kühe, Ziegen, Hühner und Pferde zu bewundern. Der eine oder die andere fürchtete sich vielleicht auch vor den größeren Tieren und hielt Abstand. Aber manche waren so mutig, dass sie sich sogar auf das Pony setzten und ritten, die Kuh aus der Hand fütterten, die Ziegen streichelten und die Hühner auf den Arm nahmen. Auch von wilden Tieren waren wir begeistert. Wir hatten schon unzählige Bücher über sie gelesen und sie kamen in unseren Lieblingsfilmen vor. In einem Tierpark konnten wir sie dann in echt

... und das auch?

bestaunen. Vermutlich haben wir uns die Löwen und Affen durch Filme wie das „Dschungelbuch" oder auch „Madagaskar" ein bisschen weniger furchteinflößend vorgestellt. Trotzdem konnten wir unsere Augen nicht von ihnen abwenden.

Digitale Unterhaltung

Zum Geburtstag oder zu Weihnachten wurde vielen von uns ein großer Wunsch erfüllt – wir bekamen einen Nintendo DS geschenkt. Natürlich durften wir diesen nicht zu jeder Zeit benutzen, da wir sonst wahrscheinlich den ganzen Tag nur „Mario Kart", „Animal Crossing" oder „Pokémon" gespielt hätten. Das machte den Nintendo

Immer nur am Zocken

aber umso attraktiver. Man konnte damit auch zusammen mit seinen Freund*innen spielen, wenn die einen hatten. Dann fuhren wir ganze Nachmittage Autorennen. Manche hatten sogar das Glück, im Besitz einer neueren Version des DS zu sein, mit dem man Videos machen und Audios aufnehmen konnte.

Nicht nur der DS fand sich in vielen Kinderzimmern wieder, sondern auch die Wii war ein begehrtes Geburtstagsgeschenk. Viele von uns spielten das Spiel „Just Dance", bei welchem man mit anderen um die Wette tanzte. Auch Spiele wie „Wii Party" oder „Wii Sports" waren sehr beliebt und im Gegensatz zum Nintendo DS kam man beim Wii-Spielen richtig ins Schwitzen.

Zusätzlich zu digitalen Spielen verbrachten wir auch gerne mal Zeit vor dem Fernseher, um unsere Lieblingsserien und Filme zu gucken. „Spongebob", „Phineas und Ferb" oder auch „Kim Possible" sind sicherlich an keinem von uns vorbeigegangen. Wir wollten genauso sein wie unsere Lieblingsfilmfiguren und diese hatten auch einen großen Einfluss auf unser Leben. Wir verhielten uns wie sie und zogen die gleichen Klamotten an, denn sie waren unsere größten Vorbilder.

Den DS hatten wir fast alle

Einsturz einer Textilfabrik in Bangladesch

Am 24. April 2013 kommt es in Bangladesch zum Einsturz einer Textilfabrik, welcher rund 1136 Menschenleben fordert. In der Fabrik wurden Kleider für bekannte Marken und Modeketten wie C&A, Mango und auch für die Filialen von KiK produziert.

Bereits vor dem Einsturz der Fabrik in Bangladesch sind die schlechten Arbeitsbedingungen in der Textilbranche bekannt. Doch erst nachdem die Menschen bei dem Unglück sterben mussten, wird weltweit über die katastrophalen Verhältnisse diskutiert. Die Löhne sind zu niedrig, es wird ungeschützt mit gefährlichen Chemikalien gearbeitet und die Arbeitszeiten sind zu lang. Westliche Unternehmen erklären sich dazu bereit, die Arbeitsbedingungen durch höhere Löhne und Maßnahmen für ein sichereres Arbeitsumfeld zu verbessern. Doch der Preisdruck in der Modebranche verhindert eine globale Verbesserung der Arbeitsbedingungen in der Textilindustrie.

Verkehrsregeln lernen auf dem Verkehrsübungsplatz

Unsere erste Fahrerlaubnis

Wenn wir nicht schon mit unseren Eltern zu Hause das sichere Radfahren im Straßenverkehr gelernt hatten, war es spätestens in der Schule so weit. Denn wir durften unseren Fahrradführerschein machen. Dafür gingen wir gemeinsam mit der Klasse auf einen Verkehrsübungsplatz und lernten, uns an die Straßenverkehrsregeln zu halten. Schließlich mussten wir üben sicher zu fahren, damit wir auch ohne unsere Eltern in die Schule radeln konnten. Der Fahrradführerschein war wie der Autoführerschein auch in Theorie und Praxis aufgeteilt. In der Theorie wurden uns von einem Polizisten alle nötigen Verkehrszeichen gezeigt und erklärt. Außerdem brachte man uns bei, wie ein verkehrssicheres Fahrrad auszusehen hat. Die meisten Dinge wussten wir bereits und deshalb langweilten wir uns und freuten uns schon auf die Praxis, das Fahrradfahren. Dafür fuhren wir auf einem Verkehrsübungsplatz und beachteten jede Regel, die uns beigebracht wurde. Wir hatten einen riesigen Spaß und fühlten uns richtig erwachsen, schließlich machten wir einen Führerschein! Die Prüfung bestanden die meisten von uns ohne viel Mühe, und wir freuten uns unendlich über den Pass, der uns am Schluss ausgehändigt wurde.

Neue Schule, neue Freundschaften

Umschulung

Vier Jahre hatten wir jetzt in unserer Grundschule verbracht und es fühlte sich gut an, die Ältesten der Schule zu sein. Wir hatten unsere besten Freundinnen und Freunde und verstanden uns gut mit den Lehrer*innen. Doch kaum in der vierten Klasse angekommen, mussten wir bereits über den Schulwechsel nachdenken. Denn schon ein Jahr, bevor unsere Grundschulzeit zu Ende ging, musste entschieden werden, ob wir am besten auf einem Gymnasium, einer Realschule, einer Gesamtschule oder einer Hauptschule aufgehoben sein würden. Das war natürlich von unseren erbrachten Leistungen während unserer Zeit an der Grundschule abhängig. Doch die Art der weiterführenden Schule war nicht die einzige Wahl, die wir treffen mussten. Die Entscheidung, die uns viel schwerer fiel, war die Wahl zwischen all den verschiedenen Schulen, die für

Chronik

8. März 2014
Ein Flugzeug der Malaysia Airlines mit 239 Passagieren verschwindet während des Fluges spurlos. Es wird vermutet, dass es über dem Indischen Ozean abgestürzt ist.

13. Juli 2014
Deutschland wird Fußballweltmeister, nachdem die Nationalelf im Finale 1:0 gegen Argentinien gewinnt.

18. September 2015
Der Dieselskandal kommt an die Öffentlichkeit. Es wird bekannt, dass VW in Bezug auf seine Abgaswerte gelogen hat, um vorgegebene Grenzwerte zu umgehen.

13. November 2015
In Paris kommt es an fünf verschiedenen Orten zu Terroranschlägen. Die islamistisch motivierten Attentate fordern 130 Menschenleben.

22. März 2016
Am Flughafen Brüssel-Zaventem und in der Innenstadt Brüssels werden Terroranschläge verübt. Es gibt 340 Verletzte und 35 Tote.

23. Juni 2016
Beim Brexit-Referendum entscheiden sich die Briten knapp für den Ausstieg aus der Europäischen Union.

14. Juli 2016
In Nizza fährt ein Mann mit einem Lkw während eines Nationalfeiertages in eine Menschenmenge. Es sterben 80 Menschen. Unter den Opfern sind auch Jugendliche einer deutschen Schulklasse.

8. November 2016
Bei der Präsidentschaftswahl in den USA gewinnt der Republikaner Donald Trump gegen Hillary Clinton.

19. Dezember 2016
Zwölf Menschen sterben, als der Terrorist Anis Amri mit einem Lkw mitten in einen Berliner Weihnachtsmarkt rast. Später wird der Attentäter von der Polizei erschossen.

30. Juni 2017
Der Bundestag verabschiedet das Gesetz zur „Ehe für alle". Damit werden gleichgeschlechtliche Paare den heterosexuellen gleichgestellt.

Beim Völkerball kamen alle in Schwitzen

uns geeignet waren. Wir wollten natürlich nicht ohne unsere Freunde und Freundinnen dorthin gehen, doch unseren Eltern war es oft wichtiger, dass der Schulweg nicht zu lang und gefährlich war. Schließlich mussten wir den alleine bewältigen. Die weiterführenden Schulen boten meist einen „Tag der offenen Tür" an, damit alle Interessierten sich dort informieren und sich einen Eindruck verschaffen konnten.

Einige Schulbesichtigungen und Monate später war es so weit. Wir bekamen den Brief mit dem Aufnahmebescheid von unserer zukünftigen Schule. So langsam hieß es Abschied von unserer Grundschule, unseren vertrauten Lehrer*innen und Freund*innen nehmen. Der letzte Tag fiel uns schwer, denn die Grundschule war uns mit der Zeit immer mehr ans Herz gewachsen. Wir hatten so viel gelernt, erlebt, neue Freundschaften geschlossen und schöne Pausen und Klassenfahrten zusammen verbracht. Wir mussten uns von weit mehr als nur von der Grundschule verabschieden, auch die anderen Kinder würden wir in Zukunft nicht mehr alle jeden Tag sehen. Zudem sagten wir auch auf Wiedersehen zu unserem alten Schulranzen, denn wir waren jetzt zu alt für einen Scout mit Piraten, Feen oder Fischen drauf. Für die weiterführende Schule war der am häufigsten gekaufte Schulranzen vermutlich der bunt karierte von Satch. Wenn man ihn nicht selber hatte, gab es mindestens zwei Kinder in der Klasse, die diesen Rucksack nutzten.

Am Tag der Umschulung wurden wir in unsere neuen Klassen aufgeteilt, und uns wurde das Schulgebäude gezeigt. Wir liefen durch all die großen Räume und Flure und fragten uns, wie wir uns den Aufbau der Schule merken sollten. Alles war so riesig und allein der Weg zur Toilette war anfangs noch eine Herausforderung. Ohne uns mindestens zweimal zu verlaufen, kamen wir nicht an. Zudem waren wir plötzlich wieder die Jüngsten. Die Schüler aus den höheren Klassen kamen uns unendlich reif und alt vor, obwohl sie nicht einmal erwachsen waren. Wie schon bei unserer Einschulung, spielten wir am ersten Tag in der weiterführenden Schule Kennenlernspiele und der Unterricht wurde vorerst knapp gehalten.

Ein Must-have und Wunsch aller: der karierte Satch

Von Freundschaften und Streitigkeiten

Wir hatten bereits unseren Freundeskreis und mit dem Wechsel auf die neue Schule wurde der noch größer. In der Schule bildeten sich schnell einzelne Gruppen, auch wenn unsere Lehrer*innen unbedingt eine gute Klassengemeinschaft haben wollten. Oft hatten wir unsere Dreier- oder Vierercliquen, mit denen wir unseren Schulalltag meisterten und uns in der Freizeit trafen, um gemeinsam abzuhängen, Videospiele zu zocken oder shoppen zu gehen. Mit elf oder zwölf Jahren durften nämlich viele von uns zum ersten Mal alleine in die Stadt, was für uns ein sehr aufregender Moment war. Wofür wir unser Geld ausgaben und wie viel, mussten wir natürlich noch lernen und deshalb liefen

KASSELER HÜTTE

Das Geburtstagskind ist natürlich als Erstes dran

wir anfangs etwas orientierungslos herum. Am Ende kauften wir schließlich irgendein T-Shirt, das uns eigentlich überhaupt nicht so gut gefiel, damit wir nicht mit leeren Händen nach Hause kamen.

Aber egal, was wir mit unseren neuen Freund*innen unternahmen, wir hatten so lange Spaß an den Treffen, bis sich jemand ausgeschlossen fühlte. Denn sobald man sich nur mit einigen aus der Gruppe traf, war der andere Teil beleidigt, dass er nicht eingeladen war. Meistens vertrugen wir uns aber schnell wieder und beim nächsten gemeinsamen Treffen war die Eifersucht verschwunden und die Clique wieder vereint. Besonders freuten wir uns auf Geburtstagspartys, auf welchen wir Bowling spielten, in die Kletterhalle, Eishalle, Soccerhalle oder ins Schwimmbad gingen.

Bitte, bitte, kann ich mal dein Handy haben?

Das beliebte S4 Mini

Unser erstes Handy

Der Wechsel auf die neue Schule brachte vielen von uns ihr erstes Handy. Da wir jetzt viel selbstständiger waren und vielleicht auch mit dem Bus oder der Bahn zur Schule fuhren, sollten wir für unsere Eltern immer erreichbar sein, falls etwas passierte. Unsere Eltern sahen vermutlich einen anderen Sinn in dem Handy als wir, denn für uns waren es die Handyspiele, das Chatten mit unseren Freunden und Freundinnen und die verschiedenen Social-Media-Angebote, die den größten Reiz des Smartphones ausmachten. Mit Spielen wie „Pou", „SubwaySurfer", „Jackpack Joyride" oder „Temple Run" verbrachten wir die meiste Zeit an unserem neuen Samsung S4 Mini oder welches auch immer unser erstes Handy war. Wir schrieben oder telefonierten miteinander und verabredeten uns über

unser Handy. Es wurden etliche WhatsApp Gruppen erstellt, wobei hier schnell Leute ausgeschlossen wurden. Und so brachte das Smartphone auch erste Probleme mit sich.

Auf Seiten wie Instagram posteten wir bereits früh erste Bilder und Videos und machten bei Challenges wie Bottle Flip, Mannequin oder auch bei der Ice-Bucket-Challenge mit. Neben all den Challenges (Herausforderungen) gab es auch noch Trends wie den Dab, welchen wir zeitweise auf jedem Foto machten, egal ob Familien- oder Klassenfotos. Wenn wir die Bilder dann hochluden, durften weder ein Filter auf dem Bild, noch die vielen Hashtags, welche wir unter unseren Beitrag schrieben, fehlen.

Wir hatten also immer etwas am Handy zu tun. Und selbst wenn wir es mal zur Seite legten, hatten wir andere digitale Medien, mit denen wir uns beschäftigten. Von Fernsehen über Computer bis hin zu Wii oder PlayStation, mindestens etwas davon war in unserem Haus vorhanden und falls nicht, dann gingen wir zu unserem besten Freund oder unserer besten Freundin und spielten dort gemeinsam „Fifa" oder „Minecraft".

Menschen auf der Suche nach Frieden

Im Jahr 2015 steht Europa vor einer extremen Herausforderung. Die Zahl der Geflüchteten, die einen Antrag auf Asyl stellen, steigt von fast 600 000 im Jahr 2014 auf circa 1,3 Millionen im Folgejahr. Doch wieso suchen immer mehr Menschen Zuflucht in Deutschland oder anderen europäischen Staaten? Bei einem Blick auf die Herkunftsländer der Flüchtlinge fällt auf, dass ein sehr großer Teil aus Syrien kommt. Dort herrscht seit 2011 ein Bürgerkrieg, da die Regierung gegen Rebell*innen, die sich gegen die politische Führung des Präsidenten Baschar al-Assad wehren, gewaltsam vorgeht. Bis dato haben circa eine halbe Millionen Syrer*innen ihr Leben im Bürgerkrieg verloren. Deshalb kommen viele Überlebende auf der Suche nach Schutz und Frieden nach Europa. Zusätzlich müssen Tausende aus Afghanistan und dem Irak fliehen, da dort Terrorgruppen wie die Taliban und der IS die Menschen unterdrücken. Weitere Hauptherkunftsländer der Geflüchteten sind Albanien, Kosovo, Serbien und Eritrea.

In Europa ist man sich über den Umgang mit den Flüchtlingsströmen uneinig, manche Länder wie Ungarn verweigern die Aufnahme von Migranten. Bundeskanzlerin Angela Merkel öffnet die Grenzen für die Geflüchteten und lobt eine neue Willkommenskultur aus. Die deutschen Behörden sind jedoch überfordert, es herrscht Personalmangel in den Asylbehörden und es gibt nicht genug Flüchtlingscamps. Somit werden die Asylverfahren zu langwierigen Prozessen. Die Geflüchteten warten dicht an dicht in Sporthallen oder sonstigen provisorischen Unterkünften auf die für sie alles verändernde Entscheidung. Innerhalb der Bevölkerung macht sich eine Welle der Hilfsbereitschaft breit mit Sachspenden und auch tatkräftiger Unterstützung bei der Eingliederung.

Doch auch die Debatten starten, ob und wann die Regierung eine Grenze ziehen soll. Die Stimmen von besorgten Bürger*innen werden lauter und Fremdenhass wird öffentlich gezeigt. Die Antwort Merkels auf die vielen Sorgen und die Angst vor dieser Herausforderung ist „Wir schaffen das!". Ihre Entscheidung, alles daranzusetzen, diese Krise zu bewältigen, ist ein Hoffnungsschimmer für all die Geflüchteten.

Erschöpft und erleichtert: Flüchtlinge bei ihrer Ankunft in Deutschland

Aus Spaß wird Leidenschaft

Hobbys, mit denen viele von uns schon früh angefangen hatten, wurden häufig lange weitergeführt. Ob Gitarre, Querflöte, Reiten oder Fußball, es galt immer: Je früher man mit seinem Hobby begann, umso mehr Chancen hatte man später, bei Wettkämpfen und Turnieren erfolgreich

Für den Auftritt musste das beste Outfit her

zu sein. Wenn man ein Musikinstrument spielte, gehörte neben dem wöchentlichen Unterricht auch das Üben zu Hause dazu. Zudem hatte man Auftritte, welche zusätzliche Probezeit beanspruchten. Und auch vor der Familie sollten wir bei Geburtstagen und an Weihnachten „Happy Birthday" oder „Rudolph the red nosed reindeer" vorspielen. Vor jedem Auftritt packte einen die Nervosität und wir konnten uns vor Aufregung kaum konzentrieren. Doch wenn man sein Vorspiel dann gemeistert hatte und alle einem applaudierten, strahlten wir über beide Ohren. Manchen von uns wurde das häufige Üben mit dem zusätzlichen Lernstress an der neuen Schule aber zu viel und sie verloren den Spaß an ihrem Hobby und hörten nach Jahren auf mit dem Musizieren. Sie probierten aber häufig später etwas Neues aus.

Im Sport war das ganz ähnlich, auch hier strukturierten viele ihr Leben nach dem Training. Egal ob Turnen, Handball, Tanzen oder Kickboxen, einmal in der Woche zu trainieren reichte schnell nicht mehr aus. So kam es, dass man drei-, viermal in der Woche in der Halle oder auf dem Feld stand. Trotz mancher Verletzungspausen oder Regenerationsphasen machte es einen riesigen Spaß, Teil von einem Team zu sein, und viele unserer besten Freundinnen und Freunde haben wir beim Sport gefunden. Zudem fühlte es sich gut an, Erfolg bei einem Wettkampf oder Turnier zu haben und Pokale, Medaillen und Urkunden zu gewinnen, wobei sich Letztere bei uns zu Hause häuften, da man für jeden Platz welche überreicht bekam.

Morgenstund hat Gold im Mund

In unserer Freizeit hatten wir natürlich neben all den Hobbys auch noch Zeit für andere Dinge, wobei unser Alltag im Vergleich zu dem in der Grundschulzeit viel stressiger war. Meist begann die Schule gegen 8 Uhr morgens, was bedeutete, dass wir zwischen 6 und 7 Uhr morgens aus dem Bett mussten und uns fertig machen. Den Rucksack hatten wir im besten Fall bereits am Abend zuvor gepackt und auch die Klamotten legten viele am Vortag bereit, damit man morgens keine Minute verschwendete und 5 Minuten länger schlafen konnte. Zur Schule mussten wir dann meist mit Bus, Bahn oder dem Fahrrad fahren. Wer Glück hatte, wurde von seinen Eltern gebracht, falls sich der Weg zu deren Arbeitsplatz mit unserem Schulweg überschnitt. Die Schule ging mittlerweile nicht nur bis mittags, sondern wir hatten mindestens sechs Stunden Unterricht und manchmal sogar neun. Auch nach der Schule nahm das Lernen kein Ende, denn wir hatten Hausaufgaben zu erledigen, und zwar nicht wenige. Aus der Grundschule kannten wir Hausaufgaben kaum, daher war es eine riesige Umgewöhnung, welche wir nicht gleich ohne Schwierigkeiten meisterten. Manchen fiel es schwer, die ersten Klassenarbeiten zu schreiben, und sie waren schnell überfordert. Aber nach nicht allzu langer Zeit gewöhnten wir uns an den neuen Schulalltag und wussten, wie wir mit ein paar Tricks gut durch das Schuljahr kamen. Wir kannten genau die Lehrer*innen, bei denen die Hausaufgaben wirklich kontrolliert wurden, und die, bei denen wir vielleicht auch, ohne sie zu erledigen, unbestraft davonkamen.

Hatten wir die nötigsten Hausaufgaben geschafft, trafen wir uns mit unseren Freunden und Freundinnen, gingen ins Schwimmbad, in

Achterbahnen zogen uns magisch an

die Stadt oder chillten einfach zusammen. Gemeinsam hörten wir unsere Lieblingssongs. In den Jahren 2015 bis 2017 erschienen viele Lieder, die wir wahrscheinlich immer noch auswendig mitsingen können, da wir sie damals in Dauerschleife gehört haben, wie zum Beispiel „Hello" (2015) von Adele, „Stressed Out" (2016) von Twenty One Pilots und „Despacito" (2017) von Luis Fonsi und Daddy Yankee. Aber nicht nur der Musik galt unser Interesse, wir verfolgten neuerdings auch Influencer wie JulienBam, Taddl, Bibisbeautypalace oder Ungespielt auf ihren Social-Media-Plattformen. Wenn wir also gerade nichts zu tun hatten, guckten wir uns Youtube-Videos an und träumten davon, unsere Idole auch einmal im echten Leben zu treffen.

Die Ära Trump

Donald Trump erobert das Weiße Haus

„The forgotten men and women of our country will be forgotten no longer!" Das sagt Donald Trump direkt nach seinem Sieg bei den Präsidentschaftswahlen am Morgen des 8. November 2016. Eine Nacht voller Turbulenzen liegt hinter den USA, oder eher gesagt, hinter der ganzen Welt. Viele verfolgen die aktuellen Zahlen der Wahl und halten den Atem an, wenn abwechselnd Trumps Republikanische Partei oder die gegnerische Demokratische Partei mit Hillary Clinton als Kandidatin vorne liegt. Letztendlich können die Republikaner jubeln, da Donald Trump in den wichtigsten Staaten mehr Stimmen erhält. Entgegen den Prognosen, die fast alle einen Sieg Clintons vorausgesagt haben, steht er also als neu gewählter Präsident der USA fest. Dass ein großer Teil der Trump-Wähler*innen nicht zu ihrer Entscheidung in den Umfragen zuvor steht, führt hierbei zu dem abweichenden Wahlergebnis. Kein Wunder, dass heftige Reaktionen aus der ganzen Welt folgen. Nicht zuletzt, weil Trump im gesamten Wahlkampfverlauf mehrfach für rassisti-sche und sexistische Aussagen kritisiert wurde. „Not My President!", rufen Demonstrant*innen in den folgenden Tagen während mehrerer, auch vereinzelt gewaltsamer Proteste. Zudem kündigen Promis wie Miley Cyrus oder Stephen King schon vor Trumps Sieg an, das Land in diesem Falle zu verlassen. International fallen die Reaktionen unterschiedlich aus. Deutschland zeigt sich besorgt und betont die Notwendigkeit demokratischer Werte, während rechtspopulistische Politiker*innen wie der ungarische Ministerpräsident Viktor Orban ihren Zuspruch äußern. Die vier Jahre Amtszeit Trumps sollten zeigen, ob die internationalen Sorgen berechtigt sind.

Spieglein, Spieglein …

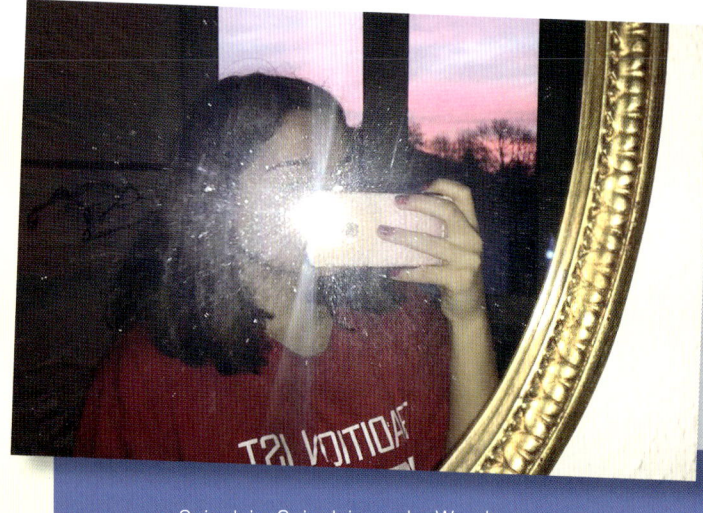

Spieglein, Spieglein an der Wand ...

Mit der Zeit wurde uns unser Aussehen und unser Klamottenstil immer wichtiger. Wir Mädchen trugen zum ersten Mal Schminke auf, was nicht unbedingt immer gleich gut aussah, und viele Jungs machten Krafttraining, um Muskeln aufzubauen. Das Schminken fing meistens mit einfacher Wimperntusche an, aber schnell kamen auch Concealer und Highlighter dazu. Daran mussten sich viele Eltern erst gewöhnen, und oft durften wir uns dumme Sprüche von ihnen anhören.

Das Muskelträning wurde anfangs noch zu Hause betrieben, später jedoch ins Fitnesstudio verlegt. Dafür wurden häufig Gewichte nach Hause bestellt und dann trainiert, um den Traum-Body zu erreichen. Als wir mit dem Krafttraining begannen, war die Motivation noch groß und das tägliche Training wurde immer eingehalten, doch nach spätestens einem Monat landeten die Gewichte in einer Kisten unterm Bett und wurden dort vergessen. Bei der Schminke war das ganz ähnlich. Nachdem wir erst einmal alles ausprobiert hatten, lernten wir schnell, dass wir lieber 15 Minuten länger schliefen, als mit halbherzig aufgetragenem Make-up in die Schule zu kommen. Doch es gab ja noch genug andere Experimentierfelder an unserem Äußeren. Während Jungs ihren ersten Rasierer brauchten, um sich ihren Bart, den man noch kaum sah, zu rasieren, probierten Mädchen die aufwendigsten und extravagantesten Flechtfrisuren aus und lackierten sich jeden Fingernagel in einer anderen Farbe. Unser äußeres

… wer ist die Schönste im ganzen Land?

Erscheinungsbild war uns wichtig und daher war auch Shoppen-gehen mit den Eltern sehr angesagt, denn genug eigenes Geld hatten wir noch nicht, um uns das weiße Levis-T-Shirt mit der roten Aufschrift zu kaufen, welches 2016/2017 wirklich jede*r hatte. Die Haare nach hinten gegelt oder zu einem Dutt gesteckt – und mit unseren neuen Klamotten machten wir nun unzählige Spiegelselfies mit dem Handy, luden sie anschließend auf Instagram hoch oder benutzten sie als WhatsApp-Profilbild.

Im eigenen Zimmer macht Streichen Spaß

Tapetenwechsel

Unsere Geschmäcker veränderten sich und es war nun dringend an der Zeit, unser buntes, mit Spielsachen und Kuscheltieren gefülltes Kinderzimmer zu renovieren. Wir brauchten keine Blümchentapeten oder Star-Wars-Bettwäsche mehr, schließlich waren wir zwölf oder 13, was ja schon fast erwachsen ist. Daher sollten unsere Wände jetzt möglichst weiß, unser Bett größer und die Deko cooler sein. Unsere Eltern hatten eigentlich keine Lust auf das viele Umräumen, Ausräumen, Renovieren und den Stress. Daher mussten wir gemeinsam mit unseren Freunden und Freundinnen planen, was wir umgestalten wollen, unsere Möbel ausmessen und das Zimmer streichen. Aber das war für uns kein Problem und meistens freuten wir uns sogar darauf. Natürlich wurde trotzdem alles von unseren Eltern kontrolliert, denn es sollten keine Flecken an den Wänden entstehen und auch beim Abmessen der Möbel wurden schnell einige Zahlen vertauscht. Damit nicht alles, was wir taten, umsonst war, waren unsere Eltern in der Nähe, um zur Not zu helfen. Als die Wände nun schlichter gestrichen und bereits getrocknet waren, wagten wir uns an das Dekorieren. Wir hängten Poster und Bilder auf. Viele hatten eine Polaroidkamera, von welcher alle Fotos an die Wände geklatscht und am Schluss mit einer Lichterkette umrandet wurden. Zudem brauchten wir auch einen neuen Schreibtisch, denn der alte war zu klein geworden. Auf der neuen Schule gab es schließlich viel mehr Hausaufgaben und wir mussten auch mehr lernen als zuvor. Zusätzlich wurde auch ein neuer Schreibtischstuhl gekauft, damit wir keine Rückenschmerzen vom vielen Sitzen auf unserem viel zu kleinen Stuhl bekamen.

Wir misteten alles aus: Alte Conni- oder Baumhaus-Bücher, Kuscheltiere, Spiele, Playmobil-Häuser und auch Klamotten. Vieles war zu schade, um es wegzuwerfen oder zu verkaufen, daher verlegten unsere Eltern die wichtigsten Kuscheltiere, mit denen viele Erinnerungen verbunden waren, einfach auf den Dachboden. Die zu kleinen oder zu bunten Kleidungsstücke verkauften oder verschenkten wir selbst. Damit war unser Zimmer um einiges leerer und wir glücklicher.

Bin ich nicht cool?

Plötzlich Teenager

Wir waren jetzt Teenager und kamen unweigerlich in die Pubertät. Zu den vielen Veränderungen an unserem Körper kam hinzu, dass wir auf einmal genervt von unseren Eltern waren, sobald diese uns nur darum baten, unser Zimmer aufzuräumen. Wir wollten nicht mehr, dass uns irgendwer sagte, was wir zu tun

hatten, denn wir waren ja alt genug, selber zu entscheiden, ob und wann unser Zimmer aufgeräumt werden musste. Viele hausten aus diesem Grund in einem sehr chaotischen Zimmer, aber nach einiger Zeit war es uns selber zu stressig, in einem Haufen aus Klamotten und dreckigem Geschirr zu leben. Wir befanden uns in einem Teufelskreis, denn unsere Eltern meckerten uns an, dass wir nicht selbstständig genug waren, und wir meckerten unsere Eltern an, dass sie uns nicht genug Freiraum gaben, um selbstständig zu werden. Trotzdem wurden wir mit dem Einstieg in unser Teenagerleben sichtlich immer unabhängiger, was damit begann, dass nach der Schule keiner da war, um uns Essen aufzutischen. Deshalb fingen wir an zu kochen und viele fanden Gefallen daran. Meistens gab es Nudeln mit Pesto oder Tomatensoße, doch unsere Kochkünste entwickelten sich weiter und bald konnten wir sogar Reis kochen und statt der Fertigsoße bereiteten wir selber eine zu. Uns wurde immer mehr Verantwortung übertragen. Manche mussten z. B. auf ihre kleinen Geschwister aufpassen, was ihnen nicht immer in den Plan passte. Doch ohne Verantwortung gab es keinen Freiraum und deshalb wurde das Babysitten in Kauf genommen, um später etwas auf eigene Faust unternehmen zu können.

Beim Sport konnten wir uns austoben

Zwischen Partys und Pandemie

Der Stresspegel steigt

Während die einen noch keinen Gedanken daran verschwendet hatten, was sie nach der Schule mal machen wollen, mussten andere sich schon bald an den Arbeitsalltag gewöhnen. Denn nach der zehnten Klasse mussten wir uns erneut entscheiden: Sollten wir die Schule weiter besuchen oder eine Ausbildung beginnen? Fiel unser Votum zugunsten der Schule aus, hatten wir noch die Wahl zwischen der allgemeinen Hochschulreife und der Fachhochschulreife („Fach-Abi"). Wir wechselten nun in die Oberstufe, manchmal auch auf eine andere Schule. Bereits die Wahl unserer Leistungsfächer fiel uns schwer, denn wir wollten keine falsche Entscheidung treffen, schließlich zählten unsere Noten schon bald fürs Abitur. Das erste Jahr in der Oberstufe war für viele ein großer Stress, denn die Aufgaben wurden anspruchsvoller und die Klausuren

Chronik

Sommer 2018
„Heißzeit": In den Sommermonaten fällt wochenlang kaum Regen und es herrscht eine tropische Hitze.

17. November 2018
Mit der Bewegung der Gelbwesten gehen in Frankreich Tausende Menschen auf die Straße, um sich gegen eine Steuererhöhung einzusetzen.

15./16. April 2019
In Paris werden Teile der Kathedrale Notre Dame durch einen Brand zerstört.

2. Juni 2019
Walter Lübcke, der Präsident des Regierungsbezirks Kassel, wird von einem Rechtsextremisten ermordet.

19. Februar 2020
In Hanau werden bei einem rechtsextremistischen Anschlag neun Menschen mit Migrationshintergrund erschossen.

März 2020
In Deutschland treten die ersten Infektionen mit dem sich von China aus verbreitenden Coronavirus auf. Covid-19 entwickelt sich zu einer weltweiten Pandemie.

25. Mai 2020
Nach dem Tod des Afroamerikaners George Floyd bei einem Polizeieinsatz bildet sich weltweit die „Black Lives Matter"-Bewegung, um gegen Rassismus zu kämpfen.

20. Januar 2021
Der Demokrat Joe Biden gewinnt die Präsidentschaftswahl in den USA gegen Donald Trump und wird 46. US-Präsident.

15./16. Juli 2021
Aufgrund starker Regenfälle kommt es im Westen Deutschlands zu Sturzfluten. In vielen Orten ist die Infrastruktur völlig zerstört, Trinkwasserversorgung und Stromnetze brechen zusammen. Über 180 Todesopfer sind zu beklagen.

August 2021
Nach dem Abzug der Nato-Truppen aus Afghanistan übernehmen die radikal-islamischen Taliban wieder die Macht in dem Land.

26. September 2021
Bei der Bundestagswahl wird die SPD die stärkste Kraft. CDU/CSU erreichen ihr schlechtestes, die Grünen ihr bestes Ergebnis in der Geschichte.

Geschafft! Auf in die nächste Schule ...

waren ganz anders als in der Mittelstufe. Auch die Auszubildenden waren gefordert: Lange Arbeitstage und Berufsschule im Wechsel, und natürlich musste auch hier gebüffelt werden für die Prüfungen. Hinzu kam, dass wir uns in unserer Freizeit lieber mit der Clique trafen, Spaß haben und feiern wollten. Nach einiger Zeit hatten wir uns aber an den neuen Alltag gewöhnt und fanden, auch wenn es uns erst schwerfiel, eine gute „Life-Work-Balance".

Auf zur Demo!

Fridays For Future

Die junge Klimaschutzaktivistin Greta Thunberg stellt sich am 20. August 2018 mit ihren gerade einmal 15 Jahren zum ersten Mal vor das schwedische Parlament und demonstriert für mehr Klimaschutz. Von dem Tag an streikt sie jeden Freitag, anstatt in die Schule zu gehen. Schon bald schließen sich ihr immer mehr junge Menschen an und es bildet sich weltweit eine Bewegung unter dem Namen „Fridays For Future", die unter dem Motto „Wir streiken, bis ihr handelt!", den Freitag zum Klimaschutztag macht. Die Schüler*innen wollen die Erderwärmung stoppen und fordern eine Senkung des CO_2-Ausstoßes durch Autos, Fabriken und Flugzeuge. In Deutschland findet die erste große Demonstration im Januar 2019 statt und die Anzahl der Teilnehmenden steigt schnell. Am 20. September 2019 sind in ganz Deutschland 1,4 Millionen Menschen auf der Straße, um sich für den Klimaschutz stark zu machen.

Die Meinungen über die jungen Demonstrierenden sind geteilt. Viele denken, die Schüler*innen nutzen die Streiks als Vorwand, um nicht in die Schule gehen zu müssen.

Die FFF-Demos sind ein Erfolg, denn sie ziehen große Aufmerksamkeit auf sich und bringen auch erste Ansätze mit sich, die Erderwärmung zu stoppen. Fast alle Parteien schreiben sich seither das Thema Klima auf die Fahnen.

Heute schon gefeiert?

Wenig Schlaf und viel Party-Bedarf

Mit 15, 16 gingen wir auf erste richtige Partys und tranken zum ersten Mal Alkohol. So lecker war der anfangs aber nicht. Trotzdem hatten wir viel Spaß auf den Feiern, alberten und tanzten bis spät in die Nacht. Dafür musste natürlich auch die richtige Musik laufen und deshalb wurde extra eine Playlist erstellt. In den meisten Playlists waren dieselben oder zumindest ähnliche Lieder. Partyhits wie „Low" von Flo Rida oder „Monsta" von

Gemeinsames Chillen

Culcha Candela durften bei einer guten Feier nicht fehlen, damit alle tanzten. Wenn wir nicht gerade auf der Tanzfläche standen, machten wir Partyspiele wie Flunkyball oder Bierpong.

Nervig war es, wenn man nach der Party irgendwie nach Hause kommen musste, weil man dann nicht so lange bleiben konnte. Darum versuchten wir beim Gastgeber zu übernachten. Wenn das nicht klappte, mussten uns unsere Eltern nachts abholen, wovon diese nicht immer begeistert waren und wir auch nicht, da wir keine Lust hatten, im Auto von ihnen ausgefragt zu werden. Also fuhren wir möglichst mit dem Fahrrad oder ließen uns von Freund*innen, die bereits 18 waren, nach Hause fahren.

In der Schule redeten wir ununterbrochen über die Geschehnisse der letzten Party und über die nächste, die anstand. Auch wenn die erste Regel bei einer Party besagt: „Sei nicht der Veranstalter!", war jede*r von uns mindestens einmal Gastgeber*in. Der Nachteil war, dass man den ganzen Abend aufpassen musste, dass nichts kaputt ging und alle Spaß hatten. Häufig wurden daher extra Hütten oder andere rustikale Partyräume angemietet, damit die Sorge wegen umgekippter Getränke und zerbrochener Gläser nicht zu groß war. Natürlich waren die Partys meistens ein riesiger Erfolg, nervig war nur der Tag danach, an dem man komplett übermüdet und verkatert das Chaos wieder aufräumen musste. Da das alleine kaum möglich war, half man sich gegenseitig, was auch wieder lustig sein konnte.

Auf Jobsuche

Wir wollten mit Freunden und Freundinnen verreisen, ausgehen und uns selbstständig Klamotten kaufen. Dafür brauchten wir dringend Geld, und so gingen wir auf Jobsuche. Der erste Job war meist etwas Einfaches wie Zeitungaustragen

Wir haben uns lieb!

oder Babysitten. Dabei hatten wir Spaß und verdienten leicht unser Geld. Da uns das aber noch nicht genügte, beworben wir uns schon bald in Cafés, Restaurants oder in Supermärkten. Leider waren wir noch nicht 18 und durften deshalb nicht kassieren, sondern mussten kellnern, spülen oder Regale einräumen. Gerade beim Kellnern konnte schon mal etwas schiefgehen, von verschüttetem Kaffee über kaputte Teller bis zu falschen oder vergessenen Bestellungen. Es war manchmal stressig, aber die Mühen machten sich bezahlt, wenn unser erster Lohn auf unser Konto überwiesen wurde. Davon gingen wir shoppen oder besuchten mit Freund*innen andere Städte.

Nebenbei verkauften viele von uns ihre alten Klamotten und Schmuck im Internet über Apps wie Vinted. Da Secondhand-Shopping sehr beliebt war, konnte man mit dem Verkauf sein Budget gut aufbessern. Dieses wurde aber schnell wieder für neue Klamotten ausgegeben.

Um zu sparen und weil es angesagt war, erstanden wir aber nicht immer neue Sachen, sondern gingen in Secondhand-Stores auf die Suche nach trendigen Klamotten und ausgefallenen Teilen. Und nicht nur Kleidung wurde nachhaltig, gebraucht und günstig gekauft, sondern auch Möbel oder Deko ersteigerten wir z. B. auf Ebay Kleinanzeigen. Billige Angebote verleiteten oft dazu, mehr zu kaufen, als wir brauchten, und so war der eine oder die andere am Ende trotz Job immer pleite, dafür waren Schränke und Zimmer vollgestopft.

Holt eure Kinder rein, wir haben jetzt den Führerschein

Bereits mit unserem 16. Geburtstag ergaben sich für uns viele neue Möglichkeiten: Wir durften alkoholische Getränke legal kaufen und bis 00.00 Uhr draußen bleiben. Worauf wir uns aber noch viel mehr freuten, war mit dem Führerschein anzufangen. Mit 16 ½ konnten wir uns schließlich anmelden und mit den Theoriestunden beginnen. Nebenbei sollten wir fleißig an der Führerschein-App arbeiten, dabei verloren manche jedoch ihre Motivation. Mit 17 durften wir dann mit dem praktischen Fahren beginnen. Zu Beginn ließ uns der Fahrlehrer das Auto nur lenken, bevor wir selbstständig aufs Gaspedal treten durften. Nachdem wir das Auto unzählige Male abgewürgt hatten, schafften wir es schon bald, einigermaßen sicher zu fahren. Die Theorieprüfung war nicht die große Schwierigkeit und die meisten bestanden sie bereits beim ersten Versuch. Wofür viele jedoch einen zweiten Anlauf brauchten, war die praktische Fahrprüfung. Sei es, weil man den falschen Prüfer hatte oder aufgrund der Nervosität – ein kleiner Fehler reichte und man musste die Prüfung wiederholen. Jede Prüfung kostete erneut Geld und so kamen viele am Ende des Führerscheins auf eine hohe Rechnung, die zu begleichen war. Einige mussten sie selber von Erspartem zahlen, anderen wurde das Geld von Mama und Papa oder den Großeltern überwiesen. So oder so, am Ende waren wir glücklich, den fertigen Führerschein in der Hand zu halten. Wenn wir noch nicht volljährig waren, durften wir allerdings nur mit Begleitpersonen, meistens unsere Eltern, fahren. Oft konnten die auf dem Beifahrersitz aber kaum entspannen, da sie zu große Angst hatten, dass wir einen Unfall bauten. Deshalb freuten wir uns schon darauf, mit 18 endlich alleine – vielleicht sogar mit unserem ersten eigenen Auto – zu fahren.

Endlich haben wir das Steuer in der Hand

Plakate malen für die FFF-Demos

Die Aktivisten der Zukunft

Mit der Zeit bekamen wir immer mehr vom politischen Geschehen mit. Wenn die Tagesschau lief, blieben wir schon mal vorm Fernseher sitzen und fingen auch an mit unseren Freund*innen oder Eltern über Politik zu reden und zu diskutieren. Vor allem während der Coronapandemie wollten wir über die aktuell beschlossenen Regelungen Bescheid wissen, da wir die Wiedereröffnung der Schulen, Geschäfte, Cafés und Kneipen nicht abwarten konnten. Auch Bewegungen wie „Fridays For Future" oder „Black Lives Matter" zogen einige zu Demonstrationen auf die Straßen, und wir spürten, wie es ist, Teil von etwas Bedeutendem zu sein und für etwas einzustehen. Neu war es für uns auch, sich im politischen Kontext zu Geschehnissen auf der Welt zu äußern und Kritik an verschiedensten Systemen zu üben. Wir bildeten uns eine eigene Meinung, verspürten den Drang, sie auch kundzutun, und bekamen Lust darauf, mit 18 endlich wählen zu gehen. Es zeigte sich, wie nah Politik an unserem Leben dran ist, als die Klimakrise für uns immer bedrohlicher wurde. Und wir hinterfragten, was Politiker*innen wie Bundeskanzlerin Angela Merkel und Bundesumweltministerin Svenja Schulze für die Bekämpfung dieser Katastrophe tun wollten.

Der rechte Terror in Deutschland nimmt zu. Ein halbes Jahr nach dem Mord vom 2. Juni 2019 am Regierungspräsidenten im Regierungsbezirk Kassel, Walter Lübcke, durch den Rechtsextremisten Stephan Ernst kommt es zu einem Anschlag in Hanau, bei dem neun Bürger mit Migrationshintergrund ermordet werden. Am 19. Februar 2020 zieht der 43-jährige Tobias R. los, um vor und in einer Shisha-Bar, einer weiteren Bar und einem Kiosk Menschen mit augenscheinlichem Migrationshintergrund vorsätzlich zu töten. Nachdem er neun Männer und Frauen erschossen hat, geht er nach Hause, um dort seine Mutter und anschließend sich selber zu töten. Der Anschlag wird als rassistisch motiviert eingestuft.

Homeschooling statt volle Klassenzimmer

Mit unserem Wechsel in die Oberstufe oder Ausbildungszeit brach die Corona-pandemie aus, sodass wir schon bald ins Homeschooling geschickt wurden. Nun mussten wir über Zoom, Teams oder Jitsi in Videokonferenzen unterrichtet werden. Sich zu Hause für Schulaufgaben zu motivieren, war aber nicht leicht und so verpassten wir die eine oder andere Unterrichtsstunde und reichten hin und wieder nicht die Hausaufgaben ein. Bei den Konferenzen wussten wir uns auch oft anders zu beschäftigen, als der Lehrerin oder dem Lehrer zuzuhören. Wir nahmen unseren Laptop mit ins Bett und schliefen während des Unterrichts ein oder wir kochten nebenbei etwas. Zwischendurch mussten wir jedoch nachschauen, ob wir das Mikrofon auch

Und plötzlich hieß es Maske tragen

wirklich auf stumm geschaltet hatten, denn es passierte immer wieder, dass jemand sein Mikrofon angeschaltet ließ und dann entstand schon mal eine peinliche Situation. Gleiches galt natürlich für die Kamera. Unangenehm waren häufig die Gruppenarbeiten, denn niemand traute sich als Erster zu reden und so schwieg man sich 15 Minuten lang an. Doch auch wenn sich nicht jede*r an allzu viel Unterrichtsstoff aus der Homeschooling-Zeit erinnerte, waren die Lehrer*innen meistens nachsichtig. Uns wurde quasi ein Schuljahr „geschenkt", da wir durch die Pandemie nicht sitzenbleiben konnten. Zurück im Präsenzunterricht fanden wir dann schnell wieder den Anschluss und konnten uns auf den Schulabschluss vorbereiten.

Mit Abstand die langweiligste Zeit

Im März 2020 kam das Coronavirus nach Deutschland, und das brachte unser Leben durcheinander. Gerade hatten wir mit dem Feiern begonnen, da mussten wir schon wieder aufhören. Die Zahlen der Infizierten stiegen schnell und deshalb mussten jede Menge Geburtstagsfeiern abgesagt werden. Und als ob das nicht schon deprimierend genug gewesen wäre, durften wir uns bald nicht einmal mehr mit wenigen Leuten treffen. „Social distancing" war das Gebot der Stunde. Zu Hause eingesperrt brauchten wir eine Beschäftigung und deshalb telefonierten wir pausenlos. Viele nutzten die App Houseparty, um jeden Tag mit den Freund*innen per Videocall im Kontakt zu bleiben. Dabei kam man auf die verrücktesten Ideen, z. B. über das Smartphone gemeinsam zu trinken: Jede*r saß nun mit seinem Bier oder seiner Flasche Morio Muskat vor dem Bildschirm und es wurden Trinkspielchen gemacht. Das Gute war, dass man nach dieser Art von Feiern nicht mehr nach Hause gelangen musste, sondern einfach ohne weitere Mühen ins Bett fallen konnte. Auch das kollektive

Haare färben online - ob das Ergebnis wohl gut aussehen wird?

Endlich wieder gemeinsam feiern – aber nur draußen

Haarefärben war während Corona sehr angesagt, da man ja kaum aus dem Haus ging und einen fast niemand sah. Mit den Freund*innen per Videoanruf verbunden, wurden verschiedenste Haarfarben ausprobiert. Das Endergebnis war nicht immer so wie erhofft. Da die Friseursalons geschlossen hatten, ließen sich viele Jungs ihre Haare wachsen oder rasierten sie selber ganz ab. Wer mutig war, wagte sich selbst an die Haarschere und so entstanden interessante neue Styles. Mit einzelnen Freund*innen trafen wir uns auch während des Lockdowns real, denn so ganz ohne soziale Kontakte konnten wir es nicht aushalten. Damit die Gefahr, sich anzustecken, gering blieb, fuhren wir gemeinsam draußen Fahrrad oder picknickten im Freien. Viele nutzten die Zeit im Lockdown auch dazu, ein neues Instrument zu lernen, angesagt waren grade Gitarre oder Ukulele. Auch mit Zeichnen oder Geschichtenschreiben vertrieben wir uns die Tage, oder wir kamen zu dem Entschluss, unseren Lebensstil zu verändern und regelmäßig Home-Work-outs zu machen, damit wir nach dem Lockdown mit einem Traumkörper wieder in die Schule zurückkehren konnten.

In Geschäften oder öffentlichen Verkehrsmitteln galt seit Ausbruch der Pandemie die Maskenpflicht. Man konnte eh schon kaum verstehen, was die Person gegenüber sagte, und hinzu kam noch die Abstandsregelung. Noch schwieriger wurde es, wenn man an der Kasse zahlen wollte, aber die Verkäuferin oder der Verkäufer mittels einer Plexiglasscheibe von einem getrennt war. Trotz aller Hürden und Hindernisse hielten die meisten sich so gut es ging an die Vorschriften, in der Hoffnung, dass die Inzidenz schnell sinken würde und wir wieder ein normales Leben führen könnten. Ganz so schnell ging das aber leider nicht.

Besonders hart war es, wenn unser Eltern im Homeoffice waren, während auch wir zu Hause online unterrichtet wurden. Wochenlang mit seinen Eltern eingesperrt zu sein, war für uns

Immer schön klopfen vor dem Trinken!

Jugendliche nicht immer leicht. Wir waren schnell von ihnen genervt und vermissten unsere Freiheiten und die Möglichkeit, uns mit Freund*innen abzureagieren. Schließlich waren wir mitten in unserer Sturm- und Drang-Phase.

Sobald die Inzidenzen fielen und es Lockerungen der Corona-Regelungen gab, trafen wir uns wieder mit Leuten und freuten uns sogar auf die Schule.

Unterricht während der Pandemie

Die Coronapandemie

In China infizieren sich Ende 2019 erstmals Menschen mit dem Coronavirus. Zu Beginn wird die Infektionskrankheit nicht wirklich ernst genommen, doch Anfang 2020 gibt es bereits die ersten Infizierten in Deutschland. Das Lungenvirus breitet sich schnell auf der ganzen Welt aus und fordert viele Todesopfer, besonders ältere Menschen sind gefährdet. Maßnahmen zur Eindämmung der Pandemie müssen von der Regierung getroffen werden. So werden verschiedene Corona-Regelungen beschlossen: In öffentlichen Verkehrsmitteln und Räumen muss nun eine Maske getragen werden, es müssen stets 1,5 Meter Abstand gehalten werden und man darf sich nur noch mit zwei Haushalten, später sogar mit nur einer Person eines anderen Haushalts treffen. Ab jetzt werden die Regeln häufig erneuert und der aktuellen Inzidenz angepasst.

Einige Menschen demonstrieren auf sogenannten „Hygienedemos" gegen diese Hygieneregeln, da sie der Meinung sind, ihre Bürgerrechte würden durch die Maßnahmen beschnitten. Zudem kommen viele Verschwörungstheorien auf, dass es das Virus gar nicht gebe, sondern dass es erfunden sei, um die Freiheiten der Menschen einzuschränken. Antreiber dieser Protestbewegung ist die selbster-nannte „Querdenker"-Szene.

Die Forschung nach Impfstoffen gegen Covid-19 läuft unter Hochdruck. Nach ca. einem Jahr können mehrere Impfstoffe zugelassen werden, doch die Produktion kommt zunächst nur langsam in Gang. Im Sommer 2021 schließlich kann sich jede*r in Deutschland impfen lassen und viele haben Hoffnung auf Besserung der Infektionszahlen. Es gibt aber auch zahlreiche Impfgegner oder -skeptiker, die befürchten, dass der Impfstoff nicht genug erforscht ist und Spätfolgen nach sich ziehen kann.

Die Masken, das tägliche Checken der Inzidenz und das Abstandhalten ist bereits Normalität geworden. Trotzdem hoffen alle, dass das Virus schnell verschwindet bzw. sich abschwächt.

TikTok-Tänze und YouTube-Work-outs

Während wir uns zu Hause im Lock-down langweilten, beschäftigten wir uns viel mit unseren Handys und waren auf Social Media unterwegs. Wir guckten uns Videos von YouTu-bern wie unsympathischtv, hungriger Hugo, Rezo oder Taddl an. Beliebt waren auch Fitness-YouTuber wie Pamela Reif oder Sascha Huber, um deren Work-outs nachzumachen. Neben YouTube gab es noch weitere Plattformen, die wir häufig besuchten und für unseren Zeitvertreib nutzten. TikTok war für viele die neue Lieb-lings-App und niemand kam daran vorbei, sich die kurzen Videos anzugu-cken. Selbst wenn man die App nicht

Gemeinsam kochen und essen mit digitalen Gästen

installiert hatte, bekam man von anderen Links zugesendet oder sah die Clips auf Instagram. Auf TikTok tanzten wir den Renegade-Tanz und andere Tänze von bekannten Gesichtern wie Charli D'Amelio oder Addison Rae nach und machten bei verschiedenen Trends und Challenges mit. Manche posteten auch eigene Videos und hofften, dass diese auf die For-You-Page kamen, um möglichst viele Aufrufe und Likes darauf zu bekommen. Aber nicht nur Tänze und Challenges waren auf TikTok vertreten, sondern auch viele Comedy-Videos, weshalb wir Stunden mit der App verbringen konnten.

Während des Lockdowns stieg unsere Bildschirmzeit rasant an, denn selbst wenn wir nicht auf TikTok waren, telefonierten wir mit Freund*innen und spielten gemeinsam Handyspiele wie „Werwolf" oder „BrawlStars". Natürlich hatten wir nicht nur das Handy, sondern wir zockten auch Computerspiele oder guckten einfach Netflix-, Amazon-Prime- oder Disney+-Serien und -Filme. Viele kramten auch alte Wii-Spiele wie „Mariokart", „Just Dance" oder „Wiisports" hervor oder belebten ihren alten Nintendo DS wieder, um „Pokémon" oder „Animal Crossing" durchzuspielen.

Endlich 18!

Erwachsen und voller Verantwortung

Endlich 18! Nach langem, sehnsüchtigem Warten ist es nun so weit. Wir sind eigenständig und müssen uns nichts mehr von unseren Eltern sagen lassen. Vielleicht fühlt sich der eine oder die andere jetzt davon befreit und genießt es, Dinge alleine zu entscheiden. Manche sind aber auch überfordert